儒學概論

［日］北村澤吉◎著

山西出版傳媒集團
山西人民出版社

圖書在版編目(CIP)數據

儒學概論 / [日] 北村澤吉著. —太原： 山西人民出版社，2015.12(2024.2重印)
(近代海外漢學名著叢刊 / 鄭培凱主編)
ISBN 978-7-203-09371-8

Ⅰ. ①儒… Ⅱ. ①北… Ⅲ. ①儒學－研究 Ⅳ. ①B222.05

中國版本圖書館CIP數據核字(2015)第289169號

儒學概論

叢刊主編　鄭培凱
著　　者　[日]北村澤吉
責任編輯　張文穎

出 版 者　山西出版傳媒集團·山西人民出版社
地　　址　太原市建設南路21號
郵　　編　030012
發行營銷　0351-4922220　4955996　4956039
　　　　　0351-4922127(傳真)
天猫官網　https://sxrmcbs.tmall.com　0351-4922159(電話)
E-mail　sxskcb@163.com　發行部
　　　　　sxskcb@126.com　總編室
網　　址　www.sxskcb.com

經 銷 者　山西出版傳媒集團·山西人民出版社
承 印 廠　山西出版傳媒集團·山西新華印業有限公司

開　　本　700mm×970mm　1/16
印　　張　18.75
字　　數　129千字
版　　次　2015年12月　第1版
印　　次　2024年2月　第二次印刷
書　　號　ISBN 978-7-203-09371-8
定　　價　94.00圓

近代海外漢學名著叢刊編委會名單

總主編　鄭培凱

編委會　傅　杰　霍　巍　戴　燕（按姓氏筆畫排序）

總策劃　越衆文化傳播·周　威

總監製　南兆旭

統　籌　徐　勝　顔海琴

出版工作委員會

主　任　李廣潔

副主任　姚　軍　石凌虚

委　員　梁晉華　張文穎　秦繼華　馮靈芝
　　　　張　潔　崔人杰　王新斐　郭向南

設計總監　李尚斌

設計製作　王秀玲　吴圳龍　何萬峰　歐陽樂天

出版説明／

近代海外漢學名著叢刊選取一九四九年以後未再刊行之近代海外漢學作品，編例如次：

一、本叢書遴選之作品在相關學術領域具有一定的代表性，在學術研究方嚮、方法上獨具特色。

二、爲避免重新排印時出錯，本叢書原本原貌影印出版。影印之底本皆經專家組審定，原書字體大小、排版格式均未做大的改變。

三、爲使叢書體例一致，本叢書前言後記均采用繁體字排版。

四、個别頁碼較少的版本，爲方便裝幀和閲讀，進行了合訂。

五、少數作品有個别破損之處，編者以不改變版本内容爲前提，部分進行修補，難以修復之處保留缺損原狀。

六、原版書中個别錯訛之處，皆照原樣影印，未做修改。

由於叢書規模較大，不足之處，在所難免，殷切期待方家指正。

總序／温故而知新

晚清以來，西力東漸，西方文化思想的著作也大量譯成中文，最著名的如嚴復與林紓的譯著，影響了整個二十世紀中國的知識界與文學界，使得中國文化的思維脈絡爲之丕變。除了西方思想經典、文學與實證科學著作的翻譯，以實證方法系統化探討中國文史的域外漢學，也對中國學術思想界産生了莫大衝擊，改變了中國學術的著述方法與取嚮。

中國傳統的知識結構，是按經史子集四庫分類的，以儒家意識形態的經學爲文化知識的砥柱，以史學爲貫串歷史經驗的殷鑒，至於子部與集部，則是作爲保存文獻、擴大知識面的附帶知識，可以耽情冥想，可以悠遊玩賞，却都是邊緣化的知識，無關聖教的弘揚，無關文化精髓的宏旨。西方文藝復興之後的現代學術體系，在知識分類上，與中國傳統大相徑庭，講究系統分科，不同知識領域各有其客觀存在的價值，有其相對獨立的目的與標準。日本知識界在明治維新以來，鑒於東方文明落後於西方的船堅炮利，率先效法西方，在追求「文明開化」、「脱亞入歐」的過程中，爲日本學術發展循着現代西方的體例，建立了哲學、文學、歷史學、經濟學、法學、商學、物理學、化學、地質學、醫學、農學、工程學、植物學、動物學等等新型學科，企圖與西方學術齊頭並進，從而影響了中國近代學術體系的發展。

本叢刊選印二十世紀上半葉出版的漢學譯著近百冊，分爲三大類：「歷史文化與社會經濟」、「古典文獻與語言文字」、「中外交通與邊疆史」，反映民國時期學術界重視西方及日本漢學研究的成果，藉助他山之石，重新審視中國傳統歷史文化的意義，特別是開拓了傳統學術忽略的領域。五四新文化運動以來，中國學者如蔡元培、胡適都提倡「整理國故」，以理性實證的方法，對中國文化傳統做出系統化的研究，是與這些漢學譯著相輔相成的。這些譯著除了介紹域外漢學的成果，還引進了嶄新的學術研究方法與視角，有助於梳理中國文化傳統的脈絡，重新整合知識結構與學術體系。雖然這些學術著作不是中國學者的成就，無法納入二十世紀中國文史學術的主脈，但是從中文譯本的影響而言，起碼也應當視爲中國近代學術發展的支脈或潛流，不容忽視。可惜的是，到了二十世紀下半葉，因爲兩岸政治形勢的變化，這些漢學譯著，除了部分因王雲五重新入主臺灣商務印書館，而得以在臺灣做了少量的重印，在大陸的出版界，則完全受到遺忘，甚至在許多新成立的大學圖書館中也不見踪影。我們搜集了近百冊塵封的漢學譯著，呈現給二十一世紀的中國學術界，一方面是爲了銘記前人爲推展學術而做出的努力，另一方面也是爲了提醒新常態時期的學人，學術發展有其歷史累積的脈絡，可以從中汲取歷史經驗，温故而知新。

說到「温故知新」與這批早期漢學譯著的關係，可以從兩個方面來思考，以見翻譯域外漢學如何反映了時代精神，爲融匯東西方學術思維，重新闡釋中國文化傳承，做出不可磨滅的貢獻。一是域外漢學的研究對象，以中國歷史文化典籍爲主，屬於中西文化碰撞期間興起的「國學」範疇，與五四新文化人物提倡的「整理國故」運動若合符節。研究中國歷史文化，並賦予新的學術意義，是清末民初知識精英念兹在兹的心結。歷史發展走到一個環節，時代的狂風揚起了批判傳統的大旗，風中的英雄幫着推波助瀾，却又無時或忘自己民族文化主體的未來，糾纏於「傳統」能否「現代」的困境。域外漢學的出現，以西方實證方法研究中國歷史文化傳統，綜合東西方各種語言文字材料，擴大了研究國學的眼界，即使無法打開中國文化傳統是否走到盡頭的心結，至少是提供了一個解惑的方嚮，在大霧彌漫的夜晚，看到了依稀渺茫的星光。

二是翻譯域外漢學，有一種以子之矛攻子之盾的吊詭作用，逐漸化解了中國文化思維中的自大心理與封閉心態，讓唯我獨尊的國粹基本教義派解除武裝到牙齒的盔甲，轉而吸收並接受西方實證研究的學風。民國期間新式教育制度的推行、學術體系的變化、大學學術專業的創建，具體到北京大學國學門的成立，中央研究院規劃歷史、語言、考古的研究領域，都與翻譯域外漢學背後的旨意是息息相關的。因此，重新閱覽這批民國期間的漢學譯著，對二十一世紀的現代學人來説，温故而知新，不但可以窺知民國學人追求新知的心理狀態，也會刺激吾人反思，認真思考學術研究方法與中國學術發展的前景，更進一步，探索文化傳統的重新闡釋與新知介入的關係。知識體系的變化當然與傳統的重新闡釋有關，是外爍的影響大呢，還是內因變化的成分居多？

論語·爲政記載孔子説：「温故而知新，可以爲師矣。」歷代解經，對這個「爲師」的道理，有兩種相近似但又取嚮不同的解釋。朱熹四書集注説：「故者，舊所聞。新者，今所得。言學能時習舊聞而每有新得，則所學在我而其應不窮，故可以爲人師。若夫記問之學，則無得於心而所知有限，故學記譏其不足以爲人師，正與此意互相發也。」雖然朱熹把知識分爲「舊所聞」與「新所得」，强調的却是「學而時習之」，從中生發新的心得，也就是從詮釋舊典中得到新知。這個説法與朱熹在鵝湖之會以後，作詩唱和，寫給陸九淵的詩句，「舊學商量加邃密，新知涵養轉深沉」，异曲同工，是一個意思，萬變不離其宗，舊學與新知是同一個脈絡的知識學理。

然而，有些朱熹之前的經學家，解釋「温故知新」，却有不同的取嚮。皇侃論語義疏就説：「故，謂所學已得之事也。所學已得者則温尋之不使忘失，此是月無忘其所能也。新，謂即時所學新得者也。知新，謂日知其所亡也。若學能日知所亡，月無忘所能，此乃可爲人師也。」皇侃明確説到，「故」指的是過去所學的知識，而「新」則指的是新近學到的知識，新舊結合，相互發明，就可以「爲人師」了。邢昺論語注疏循着皇侃的思路，也説：「言舊所學得者，温尋使不忘，是温故也。素所未知，學使知之，是知新也。既温尋故者，又知新者，則可以爲人師也。」這裏講的「素所未知」，就不衹是研讀舊學，有了新的體會，從過去的傳統中發展出的「新知」，而是從來没聽過、没想過的新學問了。這種「素所未知」的新學問，結合「舊所聞」，對習以爲常的知識框架，就會産生巨大的衝擊，而出現飛躍性的結構變化。知識内容或許大體沿襲傳統，知識結構却得以重新整合，出現嶄新的認知系統，重新審視自己文化傳統的意義，打開文化傳承的新局面。二十世紀上半葉的漢學譯作，就發揮了這樣的作用，促使中國學者放棄自我中心的文化態度，從各種不同側面，探知中國歷史文化的光譜，以域外（或是全球）的角度觀測中國傳統，摇動了文化的萬花筒，看到七彩繽紛的中國。

嚴復在甲午戰争之後，改良變法思想風起雲涌之時，開始大量翻譯西方思想經典著作，是有感於國人（特别是傳統文化孕育的知識精英）思維系統封閉，企圖介紹實證新知，引進邏輯思維的方法，以破除儒學之道「一以貫之」與「放之四海而皆準」的虚妄。他翻譯天演論，在序文中提到，有人歸納東西方學術思想，認爲中國文化重精神，是形而上之學，立意高超，而西方文化重物質，是形而下之學，衹追求功利的回報。他認爲，這種自以爲是的蒙昧態度，陷入傳統舊學的框囿而不自知，没有自我反思的能力，無法吸收「素所未知」的新知識，也就無法開展並弘揚自己的文化傳統。嚴復非常清楚他翻譯西方經典的目的，是爲了介紹新知，打破中國傳統思維的封閉性，但是，作爲披荆斬棘的拓荒人，他深知思想封閉者的頑固心理，必須因勢利導，以免遭到盲目衛道之士的攻訐。嚴復有其防身的策略，不會像許褚戰馬超那樣赤膊上陣，而是以桐城文章譯述赫胥黎、斯賓塞、穆勒、亞當·斯密、孟德斯鳩，博得晚清知識精英的贊許，文章深閎而傳入了新知義理。從文化變遷的角度而言，通過翻譯，以迂迴戰術來介紹西方思想，得到巨大的成功，產生了改變傳統思維體系的實效，是中國近代思想史上影響深遠的大事。以此類推，民國時期大量翻譯域外漢學的影響，也是不容忽視的思想史課題。

關於清末民初西方學術思維衝擊中國知識精英，顛覆傳統文化的知識結構，錢穆在現代中國學術論衡的序言中，從中國文化本位的立場，發出深刻的感慨，做了籠統的批評：「文化异，斯學術亦异。中國重和合，西方重分別。民國以來，中國學術界分門別類，務爲專家，與中國傳統通人通儒之學大相違异。循至返讀古籍，格不相入。此其影響將來學術之發展實大，不可不加以討論。」錢穆所指出的問題，是傳統知識體系强調「通」，文史哲不分家，最崇尚通儒，而現代學術講究專業分科，各司其職，以至於讀不通古籍呈現的整體性知識思維。姚名達在撰寫中國目録學史的時候，對西力東漸，西潮帶來的翻譯著作及新知新學，也有類似的感慨：「四部分類法，不合時代也，不僅現代爲然。自道光、咸豐允許西人入國通商傳教以來，繼以派生留學外國，於是東西洋洋籍逐年增多。學問翻新，迴出舊學之外。目録學界之思想不免爲之震蕩。」這種對學術體系發生重大變化的觀察，反映了中國學人從晚清一直到民國，夾在東西方兩種不同思維體系的衝突中，身歷其境的切身感受，因此感觸良多。

二十世紀上半葉最能代表中國學術的通儒是王國維與陳寅恪，他們浸潤了經史子集的四部知識傳統，承繼乾嘉篤實的考據學風，却都經過西洋邏輯思維與實證科學的洗禮，參與中國知識結構的轉型。對西方現代知識結構如何在中國生根發芽，不但再三致意，并且以自己的學術實踐來努力促成。王國維早在一九〇二年就寫信給張之洞，反對把經學列爲大學分科之首，而主張效法西方與日本的大學，設立哲學科，明確指出知識結構的分類不可因循傳統，而必須另起爐竈。陳寅恪在一九二五年就清華大學建制的問題，寫了吾國學術之現狀及清華之職責，指出大學的職責在於學術之獨立，而中國學術界的情況令人十分不滿，必須認真效法西方學術的體制及實踐。他説：「蓋今世治學以世界爲範圍，重在知彼，絕非閉門造車者比。」這兩位國學大師，對西方與日本的漢學研究十分注意，都是以開放態度對待域外漢學研究，集思廣益，以成其大家。

再回到「温故知新」的歷代經解，説説文化傳承的闡釋學意義。劉寶楠在論語正義中指出，上古之時，文化知識是上層統治精英的家學，不再治理實際政事的長者可以傳遞德行的知識，可以爲人師。「温故而知新」，就顯示長者不忘舊時所學，且能吸收新知，繼承并發揚這種學術與政治合一的傳統。到了孔子之時，時代出現了變化，士大夫不見得能够謹守家法，弘揚德行，也不一定能够「爲師」了。孔子之後，世變日亟，「道術爲天下裂」，文化知識不再爲少數統治精英所壟斷，也不必然與治理政事有關，學術在民間百花齊放，百家争鳴。但是，學術知識發展的脈絡基本未變，仍然是要温故知新，進德修業。從劉寶楠不經意的闡釋中，可以看到時代變遷影響了學術文化的内容，改變了知識結構的體系，但其内在發展的理路仍舊，還是需要舊學與新知的融合，才能有所發展。

劉寶楠還引述了劉逢禄的解釋：「故，古也。六經皆述古昔、稱先王者也。知新，謂通其大義，以斟酌後世之製作，漢初經師皆是也。」劉寶楠贊成這個説法，並指出，漢唐人解釋「知新」，大多數都沿用此意。也就是説，舊學是傳統的知識結構體系，新知是時代變化出現的新知識，必須相互斟酌，才能發揮得宜。至於如何對舊學「通其大義」，就見仁見智，各有説法了。從這個通達的詮釋來討論近代西學東漸的情況，我們可以看到，「温故而知新」在民國學人的心底，是産生「傳統」與「現代」糾葛的心理陷阱，不易跨越。若依照朱熹的説法，「學能時習舊聞而每有新得，則所學在我而其應不窮」，雖然在哲理上可以模模糊糊説通，但在清末民初的具體歷史環節，西學的新知屬於完全不同的知識體系，在原有的舊學脈絡中，根本無從立足，如何「其應不窮」？所以，真要放之四海而皆準，提升「温故而知新」的普世意義，以理解域外漢學譯著與近代學術知識體系變遷的文化史意義，我們認爲，皇侃、邢昺，一直到劉寶楠的闡釋，是比較合適，並與現代文化闡釋學的説法相近。

伽達默爾（Hans-Georg Gadamer）在他的名著真理與方法中，説到認知理性與文化傳統的關係，特别指出，人們通過理性，來判斷歷史文化中事實的真相，但是人的理性與生存環境息息相關，與傳統所衍生的豐富文化底藴有關，不可能完全超越文化傳統的思維脈絡。他認爲，人生活在文化傳統之中，就不可能「遺世獨立」，以全能超越的抽象思辨來認識傳統，甚至是批判或顛覆傳統。傳統是歷史文化延續與傳承的表徵，不會一成不變，而我們的認知理性也會因時代變遷，而不斷重新詮釋傳統。伽達默爾的闡釋學以西方文化傳統爲例，説明新知如何納入傳統，而使文化傳統生機不斷，生生不息，與中國歷代經學家的説法（朱熹除外），有异曲同工之效。以此觀照民國時期的漢學譯著，我們認爲，這批學術新知傳入中國，對中國文化傳統的繁衍與發展，實有承先啓後之功。

近代海外漢學名著叢刊的出版，最值得感謝的是南兆旭先生二十多年來搜羅的執着與努力。雖然這套叢刊不能窮盡民國時期的漢學譯著，但是，能滙集上百册自一九四九年以來在國内不曾重印的學術著作，再度公之於世，總是功不唐捐的大功德。忝爲本叢刊的主編，我面對這批民國學術材料，先是感到紛雜無章，有些原作者的學術素養也難副當前的學術標準，甚爲猶豫。後轉念一想，這是上個世紀中國最紛亂時期的學術記録，也是民生凋敝，國勢隤危，内亂外患交加之際，仍有許多學者孜孜矻矻，戮力翻譯域外漢學，爲中國學術的傳承拓展新知的坦途，不禁肅然起敬，開始用心整理分類。掛一漏萬，在所難免，好在有學殖豐贍的諍友擔任分卷主編，並撰寫各分卷前言，實在是衷心銘感。有傅杰教授負責「歷史文化與社會經濟」、戴燕教授負責「古典文獻與語言文字」、霍巍教授負責「中外交通與邊疆史」，吾道不孤矣。在整理編輯過程中，周威先生費心最多，也是我要衷心感謝的。

道術之存亡，全在人心之嚮背。這批民國漢學譯著重新問世，對我們生長在承平之世的學人，應當有激勵的作用，爲學術研究多盡份力，讓中國學術發展更上一層樓。

鄭培凱

二〇一五年七月

前言

二十世紀三十年代是中國現代學術史上的一個黃金時期。從晚清的白話文運動，到白話文在民國初年被定爲現代國語，中國的語言也就是「漢語」本身便發生了一個很大的變化。在漢語的這一現代轉化過程中，「新文學」即白話文學、又或稱國語文學的异軍突起，又起到極爲重要的推進作用。因此，現代的漢語和文學，從一開始就如雙生子一樣關係密切，不可切分。

當然，白話文與白話文學的興起，原因不止一個，但不能否認的是，在漫長的從「邊緣」變爲「正統」的道路上，它們都受到過外來的語言和文學的刺激。這裏面既包括有現代漢語對「外來語」的吸納、新文學對外國文學的模仿，也包括了引入歐美日的方法，對漢語和文學加以研究。這個研究，還不單單是針對現代的漢語和文學，也針對古代的漢語和文學。

伴隨着漢語和文學自身的演變，而在語言學界及文學研究界發生的這些轉變，其實是中國學術在各個領域實現其現代轉型的一部分，也可以説是中國現代學術之建立的一個基礎。隨着對東洋、西洋從觀念到方法、從文獻到詮釋的全面開放，在一九三〇年前後，中國的語言學和文學研究也迎來了自己的黃金時代。

這個黃金時代出現的很多學術成果，都是當時中國學者在傳統學問的基石上，吸收外國的方法、結論得到的，如王力所説，那時的語言學，「始終是以學習西洋語言學爲目的」，文學研究也莫不如此。所以，要想說明這個學術上的黃金時代究竟是什麼樣的，又如何形成，勢必要對當時的國外漢學知其一二，尤其要對翻譯成中文出版的漢學書籍有一點瞭解。

語言學方面，自馬氏文通引入西方語法之後，在中國影響最大的恐怕就要數高本漢。從一九二七年的左傳真僞考及其他，到一九七二年的中國聲韻學大綱，他關於中國語言學的論著幾乎都有在中國（包括香港、臺灣）翻譯出版。據說早年間，在他的音韻學論文尚未譯成中文出版前，錢玄同就已經拿着其中幾頁，作上課的教材用。他的中國語言學研究的譯者賀昌群也曾說，在語言音韻學方面有所成就的學者，都是借高本漢之力。

文學方面，一個突出的現象是，日本漢學家的著作被翻譯出版最多。究其原因，大概是由於日本在歷史上受中國文化影響甚深，日本漢學家普遍有很好的漢學功底，到了明治維新以後，又先於中國接受歐美的思想、文化和學術，這兩方面的結合，促使日本漢學界產生出很多新的研究成果，其中就有像兒島獻吉郎、鈴木虎雄、本田成之、青木正兒、鹽谷温、梅澤和軒等人的著作。這些涉及中國古典文學、藝術、思想等領域的論述，兼有東西之長，比較容易爲中國學界理解和認同。因此，在現代中國的文學史、文學批評史、藝術史、哲學史等學科領域，日本的研究範式一度相當流行。

說到海外漢學的影響，還不得不提及海外漢學論著的翻譯出版，在二十世紀三十年代前後是又多又快，像成書於一九三二年的石田幹之助的歐人之漢學研究，一九三四年就有了中文譯本，就是典型的一例。這固然是由於當時的中國學界對於及時掌握海外漢學動嚮，有一種普遍的要求，可是不能忘記的是這些漢學論著的譯者，在這中間扮演了很重要的「驛騎」角色。

在這裏，也許不需要再去重復趙元任、羅常培、李方桂這一黃金組合翻譯高本漢中國音韻學研究的故事，不需要説明高本漢論著的大多翻譯者，如張世祿、賀昌群等，也都是很好的專業學者。就連最早的左傳真僞考及其他，也是經胡適推薦，由當年聲名鵲起的新鋭陸侃如、衛聚賢合作翻譯的。而在陸侃如看來，他們的譯介，就是爲了「東海西海互相印證」（譯跋）。

值得一説的，倒是譯過不少日本書籍、不限於漢學著作的孫俍工。孫俍工一九二四年赴日留學，他本來學的是德國文學，可是很快翻譯了鈴木虎雄的中國古代文藝論史、鹽谷温的中國文學概論講話、本田成之的中國經學史、兒島獻吉郎的中國文學通論，興趣完全轉到對中國古典的研究。他在各書的譯序中，談到過對中國祇有整理國故保存國故的口號、成績却不如日本的看法（中國古代文藝論史），談到過他要借翻譯來使人看到在被我們自己抛荒的文學園地裏，經別人代耕，而有怎樣一番禾黍芃芃的景象（中國文學概論講話），也談到過如本田成之對於孔子「别開途徑」的理解，可爲中國學者取法實多（中國經學史）。對中日學界當時情況的判斷，大概是他譯書的動機。據説他在一九二八年回國任教後，短短幾年就編出幾百萬字的書來，其中像中國文藝辭典、世界文學家列傳、中國語法講義等，有人説都涉嫌抄襲日人（彭燕郊那代人·關於孫俍工）。這也大可説明他心目中的日本學術，不光是漢學，何等優越。當然，他翻譯鈴木虎雄、鹽谷温的著作，按趙景深的説法，還是「對於中國文學的貢獻頗大」（文壇憶舊·文人印象·孫俍工）。

另外一位翻譯日文書極其勤奮的是王古魯。王古魯一九二〇年赴日讀的本來是英文系，一九二六年回國後也教過英文，但是他翻譯過的日本書籍，題材廣泛而雜駁，涉及小説與經史之學、語言文學、民族和對外關係，既有論述，也不乏考據。由於他對日本學界的追踪，與他對中日關係的觀察是聯繫在一起的，因此，他在一九三一年翻譯的田中萃一郎西人研究中國學術之沿革、一九三四年編譯的傅斯年等編著東北史綱在日本所生之反響、一九三六年編寫的最近日人研究中國學術之一斑，都在中國學界引起過强烈的反響。在他翻譯的文學論著中，最有名的恐怕就是青木正兒的中國近世戲曲史。吴梅早已表揚過他在翻譯中表現出的專業態度，即對青木正兒引書「無不一一檢校」，故「可爲青木之諍友」（序）。一九五六年他寫信給青木正兒，又説此書不僅獲得「我國各方面極爲重視」，還作爲「中文本」，與王國維宋元戲曲考等六種，入選蘇聯大百科全書的「中國戲曲」條目，説明譯作本身成了經典。而這一次的翻譯，大概也爲他後來到日本搜集古本小説、戲曲，最後成爲造詣頗深的中國文學史研究專家做了很好的鋪墊。

中國現代學術史也應該銘記這些譯者的功勞。

戴燕

二〇一五年六月八日於復旦

——作者簡介——

著 者

北村澤吉，資料不詳。

儒學概論目錄

儒學概論要目

第一篇　儒道源流

儒之字義　術士　作事篤實深厚透徹　道術　周禮保氏及師氏之道義德行

漢志儒家者流　周禮之聯師儒　儒教儒道之興起　見於古今籍之儒及儒道　道術之士　通天地人曰儒　王道之輔成　六藝與六經　孔子　儒道之分裂　孔墨

董子　儒道與國勢盛衰　日本與儒道

第二篇　儒學源流

古代之學　學之字義　政教一致官師合一　孔經成而儒學興　仁及天人之合一

禮文內部之研究　自我之自覺　己之字義　思孟遡源反求之學　荀子之人道論

儒道之統體組織　漢代訓詁之學與宋代心性理氣之學　日本儒學之特質　漢代儒學

陸賈文翁等　經生　賈生　漢代經學之二方面　兩漢經師家法　經學與儒學之

第一章　人道與天道

第二章　王道

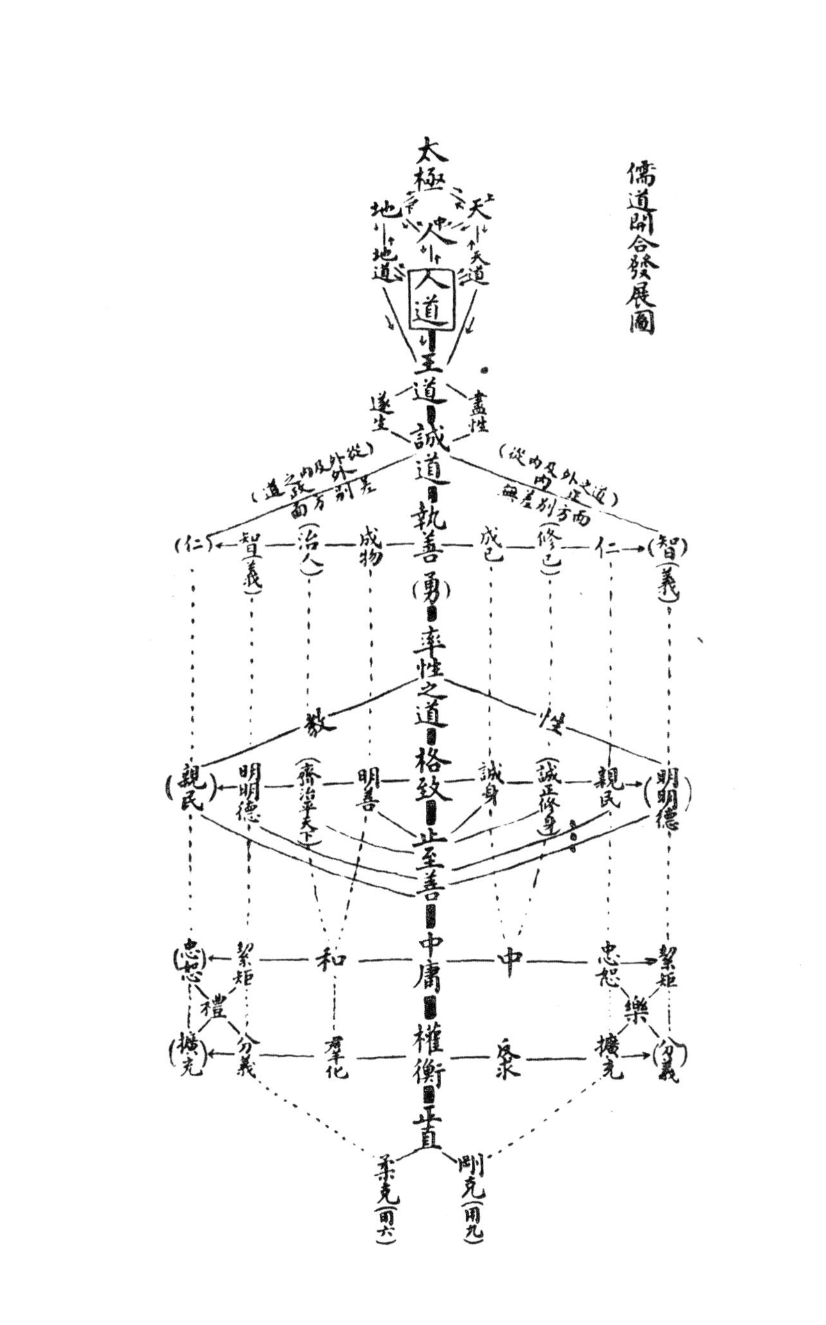
儒道開合發展圖
太極
天
地
人
天道
地道
人道
王道
遂生
盡性
誠
道
執
善
勇
率性之道
教
性
格致
止至善
中庸
權衡
正直
仁
智
義
治人
成物
成己
修己
親民
明明德
齊治平天下
明善
誠身
誠正修身
忠恕
絜矩
禮
樂
和
中
擴充
分義
柔克
剛克
用六
用九

儒學概論

第一篇　儒道源流

儒之字義。許氏說文。柔也。術士之稱。从人需聲。按需者。說文。頚也。遇雨不進。止頚也。从雨而聲。易曰。雲上天需。按。周易需卦彖傳。需須也。險在前也。剛健而不陷。其義不困窮矣。利涉大川。往有功也。朱允倩。通訓定聲曰。許意謂。而者須也。按。須面毛也。須頚也。按。頚待也。公羊宣八傳。而者何。難也。穀梁宣八傳。而緩詞也。亦頚意。愚謂。此字當从雨耎省。會意。卽今所與濡濕字。按耎者。說文。稍進大也。从大而聲。讀若畏。朱氏曰。从大从耑者。耑亦聲。所謂本不勝末也。廣雅云。耎弱也。字作輭。俗作軟。按耑者。說文物初生之題也。上象生形。下象其根也。段茂堂注曰。題頟也。人體頟爲最上。物之初見。卽其頟也。古發端字作此。今則端行。而耑廢。按耑鐘鼎古文作𣎵。又按而者。說文。須也。象形。周禮曰。作其鱗之而。考工記梓人 段氏曰。而爲口上口下。毛之總名。分之則口上爲髭。口下爲須。戴先生云。鱗之屬頰側上出者曰之。下垂者曰而。按。而字亦應有柔軟之義。而需之遇雨不進止須者。是緩舒之義也。段氏曰。儒柔疊韻爲訓。朱氏以爲雙聲。按。鄭氏三禮目錄。儒之言優也。柔也。言能安人。能服人也。又儒者濡也。以先王之道。能濡其身。（禮記儒行篇正義引）總之。儒有優柔舒緩。浹洽透達。作事而不輕浮急迫等意。質言之。其作事篤實深厚。不至透徹不已。（參考藝文雜誌第十一年第十一號所載狩野博士論文題曰儒之意義）

術字亦有柔濡義。說文。術。邑中道也。从行朮聲。按。行者。說文。人之步趨也。从彳亍。按。亍者。說文。小步也。象人脛三屬相連也。亍者。說文。步止也。从反彳。讀若畜。按彳亍。後世作躑躅。朮者。說文。稷之黏者。象形。廣雅。秫稬也。按。朮小篆作秫。稬亦作穤。

又術。道也。廣雅釋宮。術道也。禮記月令。審端經術。注。術周禮作遂。遂上有徑。遂小溝也。步道曰徑。按。遂者。說文。亾也。从辵㒸聲。古文作逋。形似隸書逋。或曰。亾者往之誤。往亾聲相近。古文从辵朮聲。用未詳。據此。則遂亦有柔濡義也。㒸者。說文从意也。从八豕聲。朱氏曰。八象氣之舒散。經傳皆以遂爲之。

又禮記鄉飲酒義。古之學術道者。將以得身也。注。術猶藝也。

又廣雅釋詁。術法也。禮記樂記。應感起物而動。然後心術形焉。注。術所由也。孔氏正義。術謂所由道路也。

道者。說文。所行道也。从辵从首。一達謂之道。按辵者。乍行乍止。从彳从止。爾疋。道直也。廣雅。道大也。楊雄法言。道也者通也。釋名。釋道。一達曰道路。道蹈也。路露也。言人所踐蹈而露見也。釋言語。道導也。禮記禮器。及中庸注。道由也。從也。國語吳語。道將不行。注。道術也。莊子天下篇曰。天下之治方術者多矣。又曰。後世之學者。不幸不見天地之純。古人之大體。道術將爲天下裂。按此云道術之分裂者。卽所謂方術是也。自是道術二字。演成熟語。故賈誼新書。有道術篇。

周禮天官冢宰。大宰以九兩繫邦國之民。三曰師。以賢得民。注。師諸侯師氏。有德行以教民者。曰四儒。以道得民。注。儒諸侯保民。有六藝以民教者。按是師儒以其德行道藝。爲上下教化之連鎖者也。

又地官司徒。師氏掌以媺詔王。以三德教國子。一曰至德。以爲道本。二曰敏德。以爲行本。三曰孝德。以知逆惡。教三行。一曰孝行。以親父母。二曰友行。以尊賢良。三曰順行。以事師長保氏掌諫王惡。而養國子以道。乃教之六藝。一曰五禮。二曰六樂。三曰五射。四曰五馭。五曰六書。六曰九數。乃教之六儀。一曰祭禮之容。二曰賓客之容。三曰朝廷之容。四曰喪紀之容。五曰軍旅之容。六曰車馬之容。

由是觀之。師氏與保氏。師與儒。兩相分立。各有職掌。一則爲賢者以德行教民。一則爲術士以道藝（道卽術）養民。德行與道藝。分科而行。故地官鄉大夫之職。各掌其鄉之政教禁令。正月之吉。受教法於司徒。退而頒之鄉吏。使各教其所治。考其德行。察其道藝。三年則大比。考其德行道藝。而賓與賢者能者。是師儒雖有別。而二者固不能不互相聯絡教養。以收其效果也。漢書藝文志曰。儒家者流。蓋出於司徒之官。按。尙書堯典。契作司徒。敬敷五教。司徒之職。專掌教化。至周猶然。故地官大司徒。以本俗六安民。一曰媺宮室。二曰族墳墓。三曰聯兄弟。四曰聯師儒。五曰聯朋友。六曰同衣服。既聯師儒。則師亦不可無儒之道藝。儒亦不可無師之德行。故天官大宰注曰。儒亦有道德之稱也。儀禮鄉飲酒禮。先生注曰。古者年七十而致仕。老於鄉里。大夫名曰父師。士名曰少師。而教學焉。按。此鄭氏據尙書大傳注之也。又君子注曰。有大德行不仕者。按。周禮地官。師氏爲中大夫。保氏爲下大夫。師氏之爲中大夫。與小司徒同。保氏之爲下大夫。與鄉師同。並用大夫者。重其職也。然此不過專舉其在本官者耳。若夫曰師。曰先生。曰君子等類。則皆當時致仕之賢者。專以其高尙人格。感化鄉閭子弟。兼勸其教學者。而所謂儒者。則通達道藝。專以各科學術。六藝六儀等。爲之授業。欲以成就其德行。此兩者之所以有同復有異也。

且夫地官司徒之屬六十。皆教官也。春官宗伯之屬六十。皆禮官也。教與禮相成。而其職亦相輔以行。然教化寓諸禮樂。自古已然。堯典曰。夔命汝典樂。教冑子。直而溫。寬而栗。剛而無虐。簡而無傲。詩言志。歌永言。聲依永。律和聲。八音克諧。無相奪倫。神人以和。禮記王制曰。樂正（按。樂正。樂師也。周禮。居大司樂之下。）崇四術。立四教。順先王詩書禮樂以造士。周禮春官宗伯下曰。大司樂掌成均之法。以治建國之學政。而合國之子弟焉。凡有道有德者使教焉。禮記文王世子曰。語曰。樂正司業。父師司成。一有元良。萬國以貞。世子之謂也。又曰。凡祭與養老。乞言合語之禮。皆小樂正詔之於東序。大樂正學舞干戚。語說命乞言。皆大樂正授數。大司成論說在東序。按。教冑子。說文引作教育子。四術四教。師儒所職也。司成鄭注曰。司徒之屬。師氏也。孔正義曰。父師與樂正相連。大司成亦與大樂正相次。江永禮記訓義擇言曰。君求言於老人爲乞言。三老五更。與君言父子君臣長幼之道。爲合語。合言之。乞言合語。皆謂之語。下經云。既歌而語以成之也。是也。內則謂。三王皆有惇史。惇史所以記此言語也。其言語有篇章辭說。大樂正授數。大司成論說之。經文前後甚明。按。徂徠曰。大學一篇。卽是乞言合語之記。誠哉是言。雖不中不遠矣。師儒既輔禮官。以成其事。於是後世職官。歷代因襲。有禮部而無教部。以禮官兼行教化之事。雖有翰林學政考官等類。而周禮教官之屬。存於後代者。亦幾希矣。所謂鄉師鄉老鄉大夫。司諫司救。調人媒氏等職。不可復見也。唯師儒二者。其職位雖經變遷。或在官或在野。時不相同。然其所任之事業。則永久不至泯滅。及夫禮官不備。禮儀不講。而後師儒之事業。益形專重。舉禮樂之事。皆包攝而任之。講求而習之。於是所謂儒家者成立焉。儒教興起。儒道始漸得專稱。

更考周禮。其教育行政之機關。專屬大小司徒。鄉師鄉大夫。州長黨正族師。閭胥比長等。除大小司徒外。皆爲地方行政長官。自成系統。若師保二氏。則均在此系統之外。自占一特別地位。故能不與周禮俱興廢。而散在民間者。乃漸得其勢。

試就當時儒者及儒道之見於經籍者條述如左。

左傳哀公十七年會盟。齊侯稽首。孟武伯相公。執周禮。揖而不稽首。曰。非天子。寡君無所稽首。二十一年。公及齊侯邾子盟於顧。齊人責稽首。因歌之曰。魯人之皐。數年不覺。使我高蹈。唯其儒書。以爲二國憂。按。武伯嘗問孝於孔子。其父孟懿子。實爲孔子弟子。

論語。子謂子夏曰。女爲君子儒。無爲小人儒。

晏子春秋。及墨子書。均有非儒之語。此則戰國儒家末流。道術荒怠。有以自招之也。

孟子書。墨者夷之曰。儒者之道古之人若保赤子。此言何謂也。之則以爲愛無差等。施由親始。按。若保赤子語見書康誥。成王告康叔之言。此則似以成王康叔亦爲儒者也。

孟子曰。逃墨必歸於楊。逃楊必歸於儒。又曰。楊墨之道不息。孔子之道不著。又曰。

吾爲此懼。閑先聖之道。距楊墨。放淫辭。邪說者不得作。按所謂孔子之道。先聖之道者。卽孔子所謂君子儒之道也。

荀子儒效篇。舉大儒雅儒俗儒。以論其效。勸學篇。有陋儒散儒。非相篇。有腐儒。非十二子篇。有子張氏子夏氏子游氏之賤儒。

禮記有儒行一篇。載哀公與孔子問答。

漢書儒林傳曰。古之儒者。博學虖六藝之文。六學者。王教之典籍。先聖所以明天道。正人倫。致至治之成法也。周道旣衰。壞於幽厲。禮樂征伐。自諸侯出。陵夷二百餘年。而孔子興。以聖德遭季世。應聘諸侯。以答禮行誼。因近聖之事。立先王之教。

史記儒林傳曰。孔子卒後。七十子之徒。散遊諸侯。如田子方段干木吳起禽滑釐之屬。皆受業於子夏之倫。爲王者師。是時獨魏文侯好學。天下並爭於戰國。儒術旣絀焉。然齊魯之間。學者獨不廢也。

又曰。秦之季世。焚詩書。阬術士。六藝從此缺焉。張守節正義曰。顏師古云。今新豐縣溫湯之處。號愍儒鄉。衞宏云。此時諸生賢儒皆至。方相難不決。因發機從上塡之以士。按。此類亦儒與術士二名通用之例。

儒既爲道術之士。故後世道士方士之類。亦皆稱儒。如漢書司馬相如傳列仙之儒。王充論衡。儒增道虛談天說日是應諸篇列舉儒書所稱者。包含後世所謂道墨名法陰陽神仙諸家所記。一皆謂之儒。桓寬鹽鐵論。以愼到田駢等。及孟荀諸子。未集齊稷下先生。凡千餘人。皆齊稱爲儒。

蓋儒術分裂。而方術起。方術者殊方之道術。猶言諸儒百家。莊子天下篇。既總說其本源。又分說其末流。可云精盡。其略曰。天下之治方術者多矣。皆以其有爲不可加矣。古之所謂道術者。果惡乎在。曰無乎不在。曰神何由降。明何由出。聖有所生。王有所成。皆原于一。古之人其備乎。配神明。醇天地。育萬物。和天下。澤及百姓。明於本數。係于末度。六通四闢。大小精粗。其運無乎不在。其明而在數度者。舊法世傳之史。尚多有之。其在於詩書禮樂者。鄒魯之士。縉紳先生。多能明之。詩以道志。書以道事。禮以道行。樂以道和。易以道陰陽。春秋以道名分。其數散於天下。而設於中國者。百家之學。時或稱而道之。天下大亂。賢聖不明。道德不一。天下多得一察焉。以自好。譬如耳目口鼻。皆有所明。不能相通。猶百家衆技。不該不偏。一曲之士也。察古人之全。寡能備於天下之美。稱神明之容。是故內聖外王之道。闇而不明。鬱而不發。天下之人。各爲其所欲焉。以自爲方。百家往而不反。道術將爲天下裂。此先舉孔子以前古道術未分派之全也。以下列敘諸家分派之狀。曰。不侈於世。不靡於萬物。不暉於數度。以繩墨自矯。而備世之急。古之道術有在於是者。墨翟禽滑釐聞其風而說之。爲之大過。已之大循。作爲作樂。氾愛兼利。而非鬬。相里勤之弟子。五侯之徒。南方之墨者。苦獲已齒鄧陵子之屬。俱誦墨經而倍譎不同。相謂別墨。以堅白同異之辯相訾。以觭偶不仵之辭相應。以巨子爲聖人。皆願爲之尸。冀得爲其後世。至今不決。（以上汎愛平等主義派）不累於俗。不飾於物。不苟於人。不忮於衆。願天下之安寧以活民命。人我之養。畢足而止。以此白心。古之道術。有在於是者。宋鈃尹文聞其風而悅之。作爲華山之冠以自表。接萬物以別宥爲始。見侮不辱。救民之鬬。（以上平和主義派）公而不黨。易而無私。決然無主。趣物而不兩。不顧於慮。不謀於知。於物無擇。與之俱往。古之道術。有在於是者。彭蒙田駢愼到。聞其風而悅之。齊萬物以爲首。棄知去己。而緣不得已（以上懷疑主義派）以本爲精。以物爲粗。以有積爲不足。澹然獨與神明居。古之道術。有在於是者。關尹老聃聞其風而悅之。建之以常無有。主之以太一。以濡溺謙下爲表。以空虛不毀萬物爲質。以上形而上超然主義派芴寞無形。變化無常。死與生與。天地並與。神明往與。芒乎何之。忽乎何適。萬物畢羅。莫足以歸。古之道術。有在於是者。莊周聞其風而悅之。以謬悠之說。荒唐之言。無端崖之辭。時恣縱而不儻。不以觭見之也。以上自然無差別主義派惠施多方。其書五車。其道舛駁。其言也不中。卵有毛。雞三足。輪不蹍地。飛鳥之景未嘗動也。以上雜學詭辯主義派

韓非子顯學篇。亦言孔子以後道術分裂漸繁。曰。世之顯學。儒墨也。儒之所至。孔丘也。墨之所至。墨翟也。自孔子之死也。有子張之儒。有子思之儒。有顏氏之儒。有孟氏之儒。有漆雕氏之儒。有仲良氏之儒。有公孫氏之儒。有樂正氏之儒。自墨子之死也。有相里氏之墨。有相夫氏之墨。有鄧陵氏之墨。故孔墨之後。儒分爲八。墨離爲三。取舍相反不同。而皆自謂真孔墨。孔墨不可復生。將誰使定世之學乎。又遡論孔墨源流曰。孔子墨子。俱道堯舜。而取舍不同。皆自謂真堯舜。堯舜不復生。將誰使定儒墨之真。今乃欲審堯舜之道。於三千歲之前。意者不可必乎。無參驗而必之。愚也。弗能必而據之者。

誣也。故明據先王。必定堯舜者。非愚則誣也。愚誣之學。雜反（反猶戾也）之行。明主弗受也。按。韓非奉信老子道德。以自然無爲爲宗。故指斥孔墨作爲之道術如此。然古道術之分析乖離。日益自小。其迹蓋有不可掩者也。

太史公作史記。始論列陰陽儒墨名法道德六家要指。議其長短而言其殊塗同歸。直所從言之異路。有省有不省耳。劉歆七略。有諸子略、班固藝文志。據此分列儒道陰陽法名墨縱橫雜農小說十家。而曰。諸子十家。其可觀者九家而已。皆起於王道既微。諸侯力政。時君世王。好惡殊方。是以九家之術蠭起並作。各引一端。崇其所善。以此馳說。此合諸侯。雖有蔽短。合其要歸。亦六經之支與流裔。方今去聖久遠。道術缺廢。若能修六藝之術而觀此九家之言。舍短取長。則可以通萬方之略矣。蓋古道術。卽內聖外王之道。一統於周公之六藝。與孔子之六經。而後分爲殊方之諸家。此孟堅所言。與莊子天下篇無異。

楊雄法言。君子篇曰。通天地人曰儒。通天地而不通人曰伎。按董子春秋繁露。已以一貫天地人解王字義。併觀以求儒道卽王道之義。極爲切當。（詳見下篇王道章）

論衡。超奇篇曰。能說一經者爲儒生。博覽古今者爲通人。掇傳言以上書奏記者爲文人。能精思著文連結篇章者爲鴻儒。故儒生過俗人。通人勝儒生。文人踰通人。鴻儒超文人。

夫古時所謂道術者。佐成王道。經綸家國天下之具。（詳見第四篇第二章王道）而其要在六藝。卽禮樂射御書數事也。得之於身。而施之於世。經綸之道德實地之事業也。禮猶今之修身倫理法制政事也。樂音樂藝術。射御體操武道競技。書文學。數理科也。皆成已成物。完善人生及世界之道德道術也。至孔子整理訂定。以成六經。故六經者。先王周公之古訓法度。古記文書之類。非爲誦讀講說而作者也。其時六藝雖有分科。實則一大道德道術。未有所謂百家殊方異端之主義也。周道衰。孔子沒。百家爭出。而儒術漸析漸小。洎乎漢初。黃老一派。無爲之說。乘戰後人心休息之虛。風靡一世。至武帝時。得董子對策。始罷黜百家。專尊孔子。自是而後。思想界之中樞。又歸於儒道矣。

顧自邃古。迄夏殷。官師合一。君師一人。必要身行道術。此禮學記所謂師也者所以學爲君者也。章實齋文史通義。言之詳矣。至於成周。君師相別。道術在儒。儒與師聯。

以繫君民。然猶有官守。以王道之扶翼宣揚爲任務。及近周末。官守亦失。禮散在野。於是聖賢起自民間。以道自任。而儒教儒學。鬱然盛興焉。繼經戰國暴秦。道術殊方。百家乖析。無所統一。至兩漢諸儒。稍復古道。繼承表章。一時普及天下。爾後歷朝革命。雖不無汚隆。然其開國之初。雄圖宏謨。必常以儒道儒術爲本。唐宋明淸。莫不皆然。及其末造。國勢與道術之衰頹。若合符節。惟斯道之傳入日本也。獨能承接周漢遺風。本天地之大道。成悠久之王道。國家之經綸。民物之發育。蒸蒸日上。記紀二書（古事記及日本書紀）所載具見其體制之堅實雄偉。上下三千歲，皇紀惟一系。無偏無黨。王道蕩蕩。無反無側。王道正直。經大化太寶。而至明治大正。變通無窮。日新盛德者。其有以夫。其有以夫。

第二篇　儒學源流

周禮師儒之職。德行道藝。皆於實事上學習之。與後世所謂學不同。卽其所教六藝六儀。亦皆在實地效之覺之而已。然則古時唯有儒道或儒教。而無後世所謂儒學者。可以知矣。其有學早見於三代所見之學。大學小學等類。亦非專事誦讀講說之學也。孟子曰。設爲庠序學校而教之。庠者養也。校者教也。序者射也。夏曰校。殷曰序。周曰庠。學則三代共之。皆所以明人倫也。人倫明於上。小民親於下。

學之字義。說文。教部。斆覺悟也。从教从冖。莫狄切冖尙矇也。臼聲。居玉切篆文斆省。段注。斆胡覺切。後人分別斆胡孝反。學胡覺反。冖下曰。覆也。尙童矇。故教而覺之。此說從冖之意。詳古之製字。作斆從教。主於覺人。秦以來去攴作學。主於自覺。學記之文。學教分別。已與兌命統名爲學者殊矣。兌命曰。學學半。上學字謂教。言教人謂之學者。覺所以自覺。下之效也。教人所以覺人。上之施也。故古統謂之學也。枚賾僞尙書兌命。上字作斆。下字作學。乃已下同玉篇之分別矣。按教者。說文。上所施。下所效也。从攴从孚。會意。按敎。效疊韻。𡥈亦聲。古孝切。𡥈者。說文子部。效也。从子爻聲。按𡥈與孝父母之孝从子老省不同。段氏曰。上施故從攴。下效故从𡥈。按攴者。說文卜部。小擊也。从又卜聲。按攴亦作扑。尙書堯典。扑作教刑。僞孔傳。榎楚也。周禮司市大刑扑罰。注。扑撻也。按扑叚借爲扑。又爲撲。臼兩手下垂扶持也。臼聲亦兼義。總之。學者。就人身施教發蒙覺悟之之謂也。不離躬行實踐者也。

盛周之時。民之所學習。皆周公所制定之典章法度。當時天下通行者。可目覩而身行之。司徒月朔。布施教法。鄉吏讀法。以考德行道藝。禮鄉飲酒義。孔子曰。吾觀於鄉。而後知王道之易易也。鄭注曰。尊賢尙齒而已。按。鄉者。卽指鄉飲酒之禮言。由是而觀。當時政教不分。官師合一。王道之化。風行雨施之迹。亦可以想見矣。

周祚衰。道藝缺。周公之制度。不復通行天下。於是孔子手定遺典。統整六經。經者。通古今之常軌。非必當時現行之法度。須有特別研鑽之學。始可明通。故曰周法施而儒道行。孔經成而儒學興焉。

雖然孔子之集大成者。非獨手定六經之謂也。中庸曰。仲尼祖述堯舜。憲章文武。

上律天時。下襲水土。其所謂祖述憲章律襲者何在。孝經鉤命訣曰。孔子曰。我志在春秋。行在孝經。史記世家引孔子言曰。後世知丘者以春秋。罪丘者亦以春秋。按春秋正國體。尊王道之大義。太史公及董子發明之審矣。（見史記自序及春秋繁露）孝經道德之遍行世界。藤樹（中江氏著有孝經心法·翁問答等書）蕃山。（熊澤氏著有集義和書）推論之至矣。而錄孔子生平言行者。則固無如論語一書之純粹精鍊也。論語中所見最重要之義。凡有兩端。一則該括古來雜多德目。歸諸知仁勇三德。更約諸仁。以爲諸德之總腦。（參照伊藤仁齋童子問·及語孟字義二書）而配於天。以成立所謂天人合一觀。二則以其天人合一之道。近求諸內部自我。使勿他求是也。

夫儒道所包。光大精微。雖一言難罄。然於禮文治化之事。特爲注重。文王之文。周公之禮。孔子所夢而傳者。固周代菁華之所在也。三百之禮經。三千之威儀。唯待其人而後行。時及末造。聖人不出。綱張目舉之不失墜。尙不敢期。況其神進靈化乎。繁文縟節。尾大不掉。弊在偏重外觀。流於虛僞。務人爲之末。忘大道之本。周之亡。亡於外部之虛飾。與道術之失本也。於是考察禮文之思想興焉。學者心眼。轉向教化之本源。深觀禮文之內部。而遠思夫天人究竟之歸結。遂盡其內外表裏。索其關係樞紐。以成一新學。亦卽孔子及七十子之徒。所努力開拓之新天地也。

向內向上之考察。先在自覺其自我。故曰。君子求諸己。小人求諸人。爲仁由己、而由人乎哉。此實孔門修德工夫之第一步。亦卽新學樹立之第一標幟也。夫希臘人心之馳外。舉世飾辭詭辯。蘇格拉底氏出。始警人曰。先知汝自己。意在以知己爲凡智慧之首端。與孔子語。雖有仁智注重之異。然其以己字爲凡修學之所起發。其揆一也。蓋己者。獨立統理一體之稱也。說文。己中宮。地象萬物辟藏詘形。段氏曰。戊己皆中宮。故中央土。漢律歷志云。理紀於己。釋名云。己紀也。皆有定形可紀識也。引申之義爲人己。己在中。人在外。可紀識也。又說文。𢀒古文己。朱氏曰。己卽紀之本字。古文象別絲之形。三橫二縱。絲相別也。小篆象古文之形。左右誤連。子夏以三豕爲己亥。借爲台。人之視己。施諸己。字實當作巳止之已。借己爲台也。段氏善解語義。朱氏善解字形。禮月令疏。己理也。己字有紀理統理之義。不特戊己之己爲然。卽自己之己。亦無不然。且紀己台己四者。語義亦皆通用。不必如朱氏峻別己與已也。今日學界所謂自我之語。正與此相當。

若其向內之工夫。則曰已矣乎。吾未見能見其過。而內自訟者也。又曰。見賢思齊焉。見不賢而內自省也。又必以四教。曰文行忠信。又曰主忠信。凡此皆內省內觀之法也。

子思子繼之。深遡自我之內容。本質之源頭。明言人性出乎天之所命。乃述天人上下本末之關係。以定性道教一貫之義。並論中和誠明。成己成物。盡性參立。以啓示天人同原合一之要諦。是其中庸篇所見也。與此相輔而行者。復有大學一篇。其大學之道。朱晦庵所謂三綱領八條目者。與中庸諸義。表裏契合。同爲儒學之大經者也。周易十翼。雖出自孔子。而記成之者。亦爲子思。故其文辭義理。多與中庸符合。而儒道遠源。於是乎可尋。

至孟子更反求道德之根據。於自我之內部。心性之底奧。務使其確然不拔。故曰仁義禮智根於心。又曰萬物皆備於我。不特此也。其言性善。言良知良能良心。言四端之固有擴充。養氣養性。盡心知知天。亦莫不皆然。

思孟遡源反求之法。因尊主觀內省。故其徒輒好談天論性。偏重理性固有義。蔑視感性發育之迹。卒至疏略經驗。遠於實踐躬行之道。於是荀子出而呶呶爲之講明。力補其闕。使人得詳知人道之尊貴。禮義教化之功用。亦於維持儒道之大體有力焉。

顧先王之大道。散在於詩書六藝者。得孔子主裁而統理之。金聲而玉振之。其大義微旨。始得不託諸空言。而寓諸事實。故唯删定六經。不務述作。及夫異端蠭起。聖旨奄昧。然後七十子之徒。根據聖言。推廣旨意。以斯道之統體。彰諸文章。而成立獨立之門戶。其見於大小戴記者。雖成於漢代補錄。而精言奧旨。猶存未泯。羽翼六經。莫或過之。就中如孔子三朝記。（自千乘四代。至用兵少間七篇。有洪頤煊單行注本。）曾子。（立事立孝至疾病天員十篇。有阮元單行注釋本。）曲禮學庸。緇衣表坊。禮器學樂。祭統諸篇。尤其卓卓者也。孟荀二子。行文說理。異曲同工。發揮斯道要端。殊無餘蘊矣。

儒學組織綱目。本非一時一人一書之所成。必合觀此等聖經賢傳。以尋其條理。見其會通。始可領得其體裁系統之要略。且斯學之變遷。經戰國至漢初。漸至衰微。漢志曰。儒家者流。蓋出於司徒之官。助人君。順陰陽。明教化者也。游文於六藝之中。留意於仁義之際。祖述堯舜。憲章文武。宗師仲尼。以重其言。於道最爲高。然惑者既失精微。

而辟者又隨時抑揚。遠離道本。苟以譁衆取寵。後進循之。是以五經乖析。儒學寖衰。此僻儒之患。按。此云游文於六藝之中。留意於仁義之際。及五經乖析儒學寖衰者。卽言儒學之在經學也。故史漢儒林傳。專載齊魯傳經諸家。而不及賈誼匡衡陸賈叔孫通等巨儒。後漢書儒林傳。亦唯舉包咸何休服虔許愼等。注釋訓詁之家。而不及賈逵班固。馬融鄭玄荀爽荀悅等碩學。想自周末以來。政教寖分。官師相離。行事之學。變爲誦說之學。秦之統一天下。雖一復古官師合一之制度。然亦胥吏之治。主刑法。輕德化。末數十年而國亡。漢立博士。益重誦習傳注之學。其置弟子。設科取士。皆是也。唐書儒學所列。亦與史漢同例。自是而後。歷代科舉之制益備。而晦庵所謂俗儒記誦詞章之學亦益盛。古時王道之輔翼。國子之養成。以及六藝六儀實地之學習。凡儒家所任一切道術精神。闕損殆盡。儒學之天地日形狹隘。唯至宋元以後。哲學方面。心性理氣之學起。別開思索之新生面耳。鄭樵著通志。其蓺文略。諸子類。揭有儒術之題。猶存往昔面目。宋史則新立道學傳。名稱雖妥。而實乃心性之理窟。亦宋人所謂道學。非古來所謂道術之學。且非王道經綸之學也。李白有嘲魯儒詩。曰。魯叟談五經。白髮死章句。問以經濟策。茫如墜煙霧。學之偏僻固陋。無用於經世。豈獨魯叟而已哉。成齊先生曰。江戶幕府二百有餘年。文運之盛。前推元祿享保。後稱寬政文政。有二大儒。生長於二政之間。碩學鴻文。誘掖後進。以貢國家異日之用。其人謂誰。安井息軒。鹽谷宕陰二先生是也。二先生。同遊昌平學。同陞幕府儒官。其學主經世實用。不欲區區老字句間。蓋自寬三政博士出。文學蔚興。弊至繪章綺句。爭勝壇坫。二先生思有以救之。且時世亦漸多艱。故其平素所指授。皆切時事。宕陰先生常曰。予士也。非儒。因賦詩曰。不願死入儒林傳。輕甲一聯藏在家。（宕陰墓表）夫德川氏。標榜宋學。而林家學風。萎靡不振。民間古學。反見日盛。寬政異學之禁。亦不足挽回此頹勢。宕陰之言。其有所激而發耶。抑亦儒學之發達於東方者。自吉備南淵諸公。經營江清善諸家。傳至闇齋（山崎氏）。藤樹。素行（山鹿氏）仁齋徂徠。一齋。（佐藤氏）慊堂（松崎氏）輩。其中一種活潑生動之精神。自有磅礴於水土之間而使之然耶。（吾國先儒。于孔孟之道。則直接承其大精神。而不取湯武放代之迹。於宋學。則專用其大義名分之論。而不陷于心性之理窟。于王陽明。則主其知行合一。而不墮于致良知之窠臼。其所以有活潑生動之趣者在此。參考巽軒先生日本朱子古學陽明三派哲學。久保天隨日本儒學史諸書。）

雖然虛心而觀。漢之起也。開國之大規模大精神。既見於陸賈新語。仁義王道。儒術經綸。天人合策之要綱。闡明宣揚。殆無不盡。文翁之出於蜀。賈生之起自河南。齊皆以春秋一經。作興一代風尙之大端。至董子。遂成爲一切法制倫理之標準。儒學之振起。亦云盛矣。史記儒林傳曰。秦之季世。焚詩書。阬儒士。六藝從此缺焉。陳涉之王也。而魯諸儒。持孔氏之禮器。往歸陳王。於是孔甲爲陳涉博士（徐廣曰。孔子八世孫。名鮒。字甲也。按。漢志雜家。有孔甲盤盂二十六篇。宋晁氏謂。孔叢子一書。疑卽是也。朱晦庵曰。孔叢子文多似東漢人語。按。孔叢子。孔氏子孫。裒集先世遺文而成之也。）卒與涉俱死。陳涉起匹夫。驅瓦合適戍。旬月以王楚。不滿半歲。竟滅亡。其事至微賤。然而縉紳先生之徒。負孔子禮器。往委質爲臣者何也。以秦焚其業。積怨而發憤於陳王也。按漢初魯儒。無復急於救世。如孔甲者。叔孫通以故秦博士。說高帝以儒者守成之道。欲徵魯諸生。共起朝儀。魯有兩生。不肯行。曰禮樂積德而後可興。通因爲太常。與所徵及上左右。與弟子百餘人。爲綿蕞野外。習之。由是觀之。齊魯儒術之古道。已西移入漢矣。至武帝時。言時則魯有申培公。齊有轅固生。燕有韓太傅。言尙書。始自濟南伏生。言禮。自魯高堂生。言易自菑川田生。言春秋。於齊魯自胡毋生。於趙自董仲舒。董子以前。齊魯諸儒。所謂經生之徒。在亂離世。能抱殘守缺之功。固不可沒。而其事業則與國家治務。關係甚微。齊魯間孔孟學風之衰頹。已不可掩矣。西漢儒學精神之發越。於賈生治安過秦二篇中。可以概見。其文曰。移風易俗。使天下回心而鄉道。類非俗吏之所能爲也。俗吏之所務。在刀筆筐篋。而不知大體。夫立君臣。等上下。使父子有禮。六親有紀。此非天之所謂。人之所設也。夫人之所設。不爲不立。不植則僵。不修則壞。是其先唱破儒術經綸之要道者也。又曰。廉恥節禮。以治君子。故有賜死。而亡戮辱。故古者禮不及庶人。刑不至大夫。貴大臣定有其辠矣。猶未斥然正以謼之也。其在大譴大何之域者。（何問也）聞譴何則白冠氂纓。盤水加劍。造請室。（請罪之室也）而請辠耳。（自刎也）上不執縛係引而行也。上設廉恥禮義。以遇其臣。而臣不以節行報其上者。則非人類也。故化成俗定。則爲人臣者主耳忘身。國耳忘家。公耳忘私。利不苟就。害不苟去。唯所在上之化也。故曰。聖人有金城者。比物此志也。彼且爲我死。故吾得與之俱生。彼且爲我亡。故吾得與之俱存。夫將爲我危。故吾得與之俱安。顧行而忘利。守節而仗義。故可以託不御之權。可以寄六尺之孤。此厲廉恥行禮誼之所致也。主長何喪焉。此之不爲。而顧比之久行。故曰可爲長太息者此也。文帝深納其言。養臣下有節。是後大臣有罪。皆自殺不受刑。休哉。至武帝時。稍復入獄。而節義廉恥之氣風。遂逐漸衰微。終不復振。致不能與東方武士道爭光。可不惜哉。雖然。終兩漢數百年。士氣之揚。固非後世文弱積習之所能及。世人斯之不審。乃專以傳注訓詁之學。概論漢代。則大繆矣。

然則漢代經學。宜分二方面觀察之。一則主經世實用。一則主傳註訓詁者。是也。夫國家每有大事。朝臣援引經義。折衷是非。以補法制之不備。如趙歐北廿二史劄記所摘出。張湯倪寬張敞雋不疑等。經義斷事之例。已見其一般矣。至東漢中興。卽將帥亦多習儒術。風尙所趨。普及州郡官吏。遂以成俗。是誠儒學實施之極也。桓靈之間。處士橫議。黨禍尤烈。然而忠義之士。好尙名節。國家緩急。尙有可恃者。詎非平日教養之所致與。至其主傳註訓詁者。亦與後世徒事剪裁敷衍輩逈異。未可以經生之徒概輕之也。阮雲臺詁經精舍文集。收錄諸家兩漢經師家法考。胡縉論其家法。大略有三。曰守師說。曰通小學。曰明天人之理。又論其釋經之體。亦約有三。一曰以經釋經。或依經以析理。或錯經以會文。或辨經以校誤。如毛公古詩。多用爾雅。費氏說易。卽本繫辭。依經之體也。毛詩之箋。廣引禮經。地官之注。半參王制。錯經之義也。由左邱之古經。知祠兵之文誤。據魯詩之正字。識繡黼之傳乖。辨經之法也。一曰以字釋經。或擬其音。或正其誼。或改其誤。擬音者。古無反語。故爲比方之詞。如某讀如某。某讀如某之例是也。觀夫賈逵定弟圍之異字。何休辨登得之同聲。周官故書。必存於注。儀禮古文。盡著之篇。舉一反三。餘可識矣。一曰以師說解經。如仲梁子孟仲子高子之說。見於毛氏詩。子沈子司馬子女子此宮子尸子沈子之說。載於公穀傳。箋詩之恉。半發表夫亨萇。注禮之言。先引徵夫杜鄭。譬後海而先厥河。非數典而遺其祖也。繇茲家法。闡厥微言。以故用日少。而畜德多。稱文邇而見義遠。函雅故。綴道綱。知時務。統陰陽。通天地人之謂儒。惟漢儒斯不媿焉。故家法精。漢學明。家法棄。漢學廢。謹授受。研六經。家法不失。孔書乃明。

按。詁經之學。權輿于爾雅一書。盛行於西漢。而大成於東漢。西漢學者。多用今文。以發新義。頗有所貢獻於當時。東漢學者。則兼采今古文。折中會通。亦有所遺饋於後世。綜其所爲。雖不通儒學之一端。而儒學之精要。固寓於經義之中。是經學乃儒學之根本。而訓詁解釋之學。實其基礎之不可忽者也。東漢之集經解而大成者。馬鄭其大宗。而鄭學尤精洽。范曄論之曰。自秦焚六經。聖文埃滅。漢興。諸儒頗修藝文。及東京學者。及各名家。而守文之徒。滯固所稟。異端紛紜。互相詭激。遂令經有數家。家有數說。章句多者。或乃百餘萬言。學徒勞而少功。後世疑而莫正。鄭玄括囊大典。網羅衆家。刪裁繁蕪。刊改漏失。自是學者略知所歸。王父豫章君。（按范曄祖文寧字武子。晉武帝時。爲豫章太守。）每考先儒經訓。而長于玄。（言經義以玄爲長也）常以爲仲尼之門。不能過也。及傳授生徒。並專以鄭氏家法云。詁經精舍文集。經師家法考。邵保初曰。好古之士。保殘守缺。誠能捃摭緒言。遠宗古義。則將由高密之門牆。窺昌平之津畔。善哉言也。盡之矣。王西莊作鄭氏年譜。敍其著述。門人迮鶴壽更爲補成鄭氏羣書表。（見蛾術篇卷五十八）據知鄭氏所著書。凡六十四種。其卷數可知者二百八十二。除集類一種二卷外，餘皆無一不關經義。謂爲千古學術之湊會。洵非過譽也。

王季薌（湖北人。前清宣統年間。與予同掌教于京師優級師範學堂。）經學講義。後附歷朝經學九變圖。本四庫提要經部總敍。經學亦變之說。而參酌增益其未盡。以表明逐時變遷之大旨。謂第一變。爲兩漢時代。董賈許鄭諸儒。專門授受。遞稟師承。各守所聞。謹嚴篤實。其弊也拘。第二變。魏晉唐代北宋王弼王肅孔賈啖趙孫復劉敞等。漸持異議。或信或疑。各自論說。

不相統攝。其弊也雜。以上遠古漢學家 第三變。北宋及元代。程朱及其後學。王柏吳澄等。擺落漢唐。獨研義理。排斥舊說。務別是非。其弊也悍。第四變。宋末及明初。金履祥許謙吳師道張存中倪士毅等。攀緣既衆。見異不遷。務定一尊。驅除異己。其弊也黨。第五變。明正德嘉靖以後。王守仁及其末派。主持太過。激而橫決。聰明才辯。各抒心得。其弊也肆。以上近古宋學家 第六變。國初及乾嘉時。毛奇齡至戴震諸人。學尚博雅。不爲臆說。援引古義。徵實不誣。其弊也瑣。第七變。嘉道以後。劉逢祿宋翔鳳龔自珍魏源諸人。子家緯候。皆所採信。辨經注僞。主張微言。其弊也駁。以上近世漢學家 第八變。咸同以來。陳澧黃以周朱一新張文襄諸人。不尙攻擊。不立門庭。兼賚漢宋。義取折衷。其弊也流。第九變。光緒以來。其書有周禮政要。中庸九經今義。論孟卮言。小學發微等作。中學治經。兼證西學。巧詞證合。義主溝通。其弊也鑿。以上現世漢宋學家 又謂若五經之中。各經之本體。亦有變不變之分。提要五經總義類後敍曰。漢儒五經之學。惟易先變。且盡變。惟書與禮不變。詩與春秋。則屢變而不能盡變。蓋易包萬彙。隨舉一義。皆有說可通。數惟人所推。象惟人所取。理惟人所說。故一變再變而不已。書紀政事。禮其器數。具有實徵。非空談所能眩亂。故雖欲變之而不能。詩則其美其刺。可以意解。其名物訓詁。則不可以意解也。春秋則其褒其貶。可以詞奪。其事迹始末。則不可以詞奪也。故二經雖屢變。而不盡變。劉勰有言。意翻空而易奇。詞徵實而難巧。此雖論文。可例之於說經矣。此說與右圖一縱一横。可以盡經家變遷之大概。至圖中變境。雖分九等。其大旨實不出漢宋兩家。殆猶西人哲學之有唯物唯心二派。然卽漢宋分剖之。則西漢之微言大義。與東漢之訓詁制數。亦似有唯心唯物之分。宋之程朱家說經。與陸王家說經。亦幾有二者之別。此中外學術大旨之略可證合者也。又謂。歷代經學之大勢。約可分四期。以周秦兩漢爲一期。三國至唐爲一期。宋元明爲一期。圖中近儒分二期者。約歸一期。兩漢之時。不出今文古文兩家。今學多齊。古學多魯。六朝之時。不出南學北學二派。北儒多尙漢訓。南儒多崇魏晋經注。唐承其後。黜北崇南。漢訓遂替。宋元明三朝。或以義理說經。或以心悟說經。或衍史事說經。古說蓋亡。國朝經學。本盛於吳越之儒。吳中則掇拾故籍。訓詁昭著。徽州則詳於名物典章。湛深思致。常州則微言大義。雅所宣究。用是而古訓造興。然則由近儒而考漢儒。由漢儒以闚經奥。更參稽六朝唐人之義疏。宋元明人之經說。當有自詣折衷。

而不能已者也。按王氏約舉歷代經學變遷之大旨大勢。瞭如指掌。無以加焉。至常州今文學派之發展。及其影響於清末思想界。可參觀最近梁任公清代學術概論。此書直筆事實。瑕瑜不掩。功過自見。亦善本也。

經學既分漢宋。訓詁義理。互有消長。而儒學亦以此昇降隆替。故後世學者。當爲比較得失。以折中之。不待言矣。西洋哲學史上。亦有經驗純理兩派。本同祖述希臘柏亞二氏精博之古學。隨時發展。分家相成。各有所主。亦自然之勢也。至其末流。輙固執偏見。入主出奴。馳陷極端。覆國亡家之慘。往往而見。修經學者。不可不於此深長思也。顧亭林曰。經學卽理學也。自有舍經學而言理學者。乃墮於禪學而不自知也。（先正事略）戴東原曰。論者謂。有漢儒之學。有宋儒之學。一主訓詁。一主義理。夫使理義可以舍經而求。將人人鑿空得之矣。奚取於經乎。惟空任胸肊之無當於理義。然後求之古經。而古今縣隔。遺文垂絕。然後求之訓詁。訓詁明則古經明。古經明而我心同然之理義。乃因之以明。古聖賢之理義。非他。存乎典章制度者也。味者乃歧訓詁理義而二之。是訓詁非以明理義。而訓詁何爲。理義不存乎典章制度。勢必流入於異端曲說。而不自知矣。

方東樹漢學商兌引戴氏遺書文集卷七•題惠定宇授經圖文。夫清朝考據之學。亭林創開之。東原大成之。清學能有始有終。惟二氏是賴。清朝亡而二氏之學不亡。中外學術變遷之大勢。有以證明之也。歐洲近世學術。濫觴於中世末之文藝復興。遡求羅馬希臘古典。脫離宗教羈絆。始得自由討究之新精神。清朝考據之學。舉一代學者之精力。盡之於古言古文之研鑽。原原本本。蔑視宋元。遡自東西漢。至先秦。亦爲一種文藝復興之大運動。梁氏之書言之甚當。日本德川時代。復古學派之興起。遂釀出明治文化。其事亦甚相似。所異者。現代支那。應收文藝復興之效果。而卒未得者何也。是豈討究之精神。猶有所缺耶。曰否。輸入海外新出種種思想。橫流國內。無所拒也。建設新學之資格。有所不備耶。曰否。先人三百年。顯幽闡微之結果。資材山積。任人取用也。嘗試思之。人而無自主獨立之精神。遂流浮沈。迎合阿附。沾沾自喜者。奴耳婢耳。學術之自主獨立。實爲人及國家自主獨立之本。此豈唯支那一境之事哉。今之時。猶古之時也。君子求諸己。小人求諸人。仲尼蘇氏。千古鐵案在焉。爲學之道。除求放心而自覺外。別無良法。厭己之醇醪。羨人之糟粕。璞玉爲賤。敗鐵爲貴。眞僞混淆。本末顚倒。昏昏瞢瞢。欲風尙之不每況愈下。豈可得乎。雖然。時窮傑出。吾信救之必有其人。而未之見耳。

第三篇　儒道之發生　儒道基礎論

第一章　作爲——經綸——道術——儒學特性

儒道。雖成於人爲。而其所本則在人性自然之欲求非純由人爲者也。人性之自然欲求雖多。約可分爲兩方面觀之。一則欲有所認識。一則欲有所作爲是也。其欲有所認識者。只其人格活動而欲構成其知識者。則亦不過爲一種作爲活動耳。然則據廣義言之認識與作爲兩方面。亦俱歸於作爲之一活動矣。（德國康德氏以後。有所謂新康德學派者多主張此義。乃欲斥認識之對象之實在。而專歸之于主觀之作爲活動。詳見第四篇第三章第一節誠道本幹。）若據狹義言之。此兩方面固不無可區別者。蓋此二種活動。雖同出乎人格自然之欲求。錯綜相成。而其所活動欲求之對象。則各有所主。夫認識活動之對象。專繫於知識作用所欲求。世界事物之形相理致是也。作爲活動之對象。專繫於情意作用所欲求世界事物自體是也。事物之形相理致。既能明之。則心中自安而滿足。是認識活動之特性也。必得其事物自體。而其動作成有如何結果。始自滿足。是作爲活動之特性。認識活動之進步發達者。卽成一切科學之知識。各自考究動植心物。一切世界特殊事物之形相理致。而以哲學統合之。以明普通之根本原理。構成某種人生觀及世界觀而後已。作爲活動進步之發達者。顯爲政治經濟倫理教育衞生工業。藝術等事物。此等事物。各有其特殊之形相理致。故依科學及哲學以闡明之。亦吾人知識活動之所欲求也。必矣。雖然。此等事物。初專爲吾人作爲活動之對象。終屬吾人所經綸之事業。事業一語。出周易繫辭傳。文單曰業。又曰行。或謂之用。俱見下章所引。孟子曰。天不言。以行與事示之。菲希特(Fichte)氏所謂事行Tathandlung者。近是。經綸者。朱晦庵曰。皆治絲之事。經者理其緒而分之。綸者比其類而合之也。見其中庸注蓋以世界一切事物。組織經營創始。而作成其自體之謂也。如是則此等事物。其形相理致。雖既經十分闡明。猶不足以滿吾人情意所欲求。吾人情意。必欲實得以其事物自體。作爲之經綸之。有所達成而後已。亦必欲實際得成其所欲求之政治經濟。教育倫理。工藝美術而後已。卽亦必期實際作爲經綸。得成其所欲求之人生及世界者也。如此者。乃吾人作爲活動之特質。亦卽所謂經綸生活之特性。繫辭傳所謂藏諸用者。是也。用者乃作爲經綸之作用活動。詳見第四篇第三節第三段中庸字義條及第四段聖學條此與夫知識活動。觀念生活。判然可區別者也。世之專修科學及哲學者。動輒偏重知識。耽溺觀念。不能脫出其範圍。或所不免與。然豈世上一般人類所欲求之實情哉。吾人一生。自一身至家國天下。不可一日無作爲經綸。以滿足其生活。何以獨用知識觀念而濟之。又豈能待夫知識觀念十分完成。而後始營活動生活哉。是故。吾人平生。旣得有某種人生觀與世界觀。卽非據此而作爲經綸之達成之不可。否則未有能滿足安定者也。且人生觀及世界觀之十分足以厭飫吾人欲求知識之心者。果於何時見之。此所以古來哲學問題。起滅轉變。永無窮期也。反之。吾人日常實際生活。必欲達成某種人生與世界。則其作爲經綸。不可一日有所間斷。苟能得其時處所資。較完較備之某種人生觀及世界觀。有所定立。則直據此作出某種人生及世界。以滿足其生活。亦勢所必然者也。

雖然。所謂作爲活動。經綸生活者。必如何可能達成之。吾人作爲經綸教教藝術。一切事業。必如何可能推行之。又吾人所欲人生與世界。必如何可能作成之。是不可無道也。不可無術也。於是乎所謂道術之學起焉。道術之學者。欲考究一切作爲活動經綸生活所以能達成之共通法式。而定立之者也。譬如政治教育諸事物。皆吾人作爲經綸之事業。而作爲之。經綸之。以達成之者。則必需其方術法式。故政治學不止闡明政治一事爲何。亦必欲推究其所以經綸政治之道。而定立之。教育學不止闡明教育一事爲何。亦必考察其所以作爲教育之道。而開示之。倫理學不止闡明人倫一事爲何。亦必考究其所以踐引倫理之道。而指定之。凡世之所謂規範科學者。皆以此道術法式之考究定立爲主。則此類卽謂爲道術學之分科可也。此等作爲上諸種道術學。或規範之諸科學。乃與知識上記述說明之諸科學。互異方面而對立。可以滿足吾人自然欲求之兩方面焉。夫知識上諸科學。更得哲學一層深邃之知識。統合之。以欲闡明普遍之根本原理。無復遺憾。而何獨於此規範道術之學。無一層廣大規範之定立共通根本原則。與哲學異面而對立者乎。曰有。惟儒學足以當之。

儒學者。作爲之學也。經綸之學也。道術之學也。亦規範之學也。然其所定立之道術規範。爲共通一般作爲活動之原則法式。而非一科特殊之法則規範。若其一科特殊之法則規範。則政治法理倫理教育等諸科學所考究是已。法理與倫理二學。俱屬吾人行爲之學。輓近學者。推廣範圍。進入哲學域中。或近接儒學境界。然其所本原。在一科特殊之考究。或以法律。或以人倫。各成限界。而向上遡求其原理之歸結於哲學。一得根據。便卽滿足。故不免爲一科特殊原理之學。以視考定一切作爲活動之原則之儒學。不特有範圍廣狹之異。且有性質之截然不同者在焉。儒學者。以定立原則爲主。而此等諸科學與哲學。則以認識原理爲主。以認識原理爲主者。起自特殊。遡至普遍。歸着於根本原理。終成一統合之觀念。或形式上概念而止。所謂人生觀及世界觀者是也。以定立原則爲主者。先據普通之根本原理。以定立共通之原則。而指示其實際生活作爲經綸之諸法式。所謂人生及世界實際作成之諸道術是也。然二者之別雖如此。而其實則原理由道術而顯。道術由原理而行。猶作爲與認識。不可分立。必相待而後人格活動。始能完全也。是故從來以認識原理爲主之西洋哲學。亦間演出道術。以考定道術爲主之東洋儒學。亦或推窮原理。主原理之學者。利於知見。闡幽析微。其弊也偏於主義。輕舉浮動。主道術之學者。勝於實踐。統體堅確。其弊也拘於因襲。固陋不通。得失長短。各不相掩。善學者。應該於其兩面表裏一貫。存精去粗。互相輔成。以盡人生與世界之全體而已。若强以彼規此。此以擬彼。互失特色。非所以發達學術之道也。（西村泊翁曰。哲學考究事物之理。而儒佛二學中。因含有哲學之義。然儒佛二學。與哲學大異。蓋此二學。兼重知行。而行爲最重。即以修身治人。爲其目的。篤信教祖。而奉守經典。哲學則唯究宇宙之眞理而已。既無教祖。亦無經典。復無方便。故儒佛二學。不可稱爲哲學也。近時所謂東洋哲學。印度哲學。支那哲學等名稱。無乃可怪乎。但其考究眞理。是爲哲學之所長。則儒佛二家。亦併講之。而有益也。無疑矣。見泊翁叢書第二輯。明治二十年論文。題哲學會質疑。）雖然。就輓近世界哲學大勢而觀之。其所傾向。日去其純粹理論方面。趨於人生實際方面。將自其世界事物形相理致之學。轉入吾人目的理想規範之學。以補其古來一大缺陷。其所謂價值哲學者。益見與我儒與相近接矣。夫認識之學。而捨其所主。失其特質。得失損益。未可遽斷。而勢有不能自已者。抑亦偏局一面之學。不能滿足人類之欲求。及人格活動之全體。而使然歟。試觀德人文特爾彭氏 Wilhelm Windel band,1648–1915 哲學史。則思過半矣。東方學者。不此之務。反捨其千古特有之學。徒拜西人後塵。而不知自省。良可惜也。

第二章　作爲經綸之本質——厚生與成性

人之作爲。起於自然衝動。而成爲本能。爲欲求（一作欲望）衝動之種類。如食色言動。以及一切生活情事。不可勝數。本能欲求之雜多。亦猶是。而其中最根本之作用。是生活之欲求是也。祇爲生活。以作爲生活。是生活之作爲。乃人自然之欲求。不可遏止。凡一切生物之欲厚其生。而遂之。亦猶是也。欲其生存生殖之長久盛大。而為之作為活動。無一間斷。此之謂厚生之欲求作為。卽生理學生或生物學上作用之屬也。至於人之作為。則非僅以單純生存生殖之長久盛大。而卽滿足者。必也向上發達。更欲求其生活之性質。達到十分完善而後已。此之謂成性之欲求作為。成性之欲求作為。與夫厚生之欲求作為。相因相輔。以成吾人生活活動之全體。（參考巽軒先生論文。題曰追懷黑開爾（Heckel）氏而及人生之根本問題。見大正九年二月刊。哲學雜誌第三百九十六號。）然而此二種作為時見乖離。不能必其一致。譬如厚生之作為。或至以力相爭。現出優勝劣敗之慘禍。而成性之作為。則反欲制立止爭。以得彼此平均和平之生活。如此矛盾衝突之現象。其所由來者何在。

蓋人之自然欲求中。含有某種目的理想。其目的。則主依其知性。輔以意志之向往。而認定之。以起發某種有目的之作為活動。其理想。則主依其理性。輔以情意之感動。而構成之。以成立某種理想上人生觀及世界觀。既有此種理想上之人生觀及世界觀。卽據此以定立其目的。則必欲由其情意作用。追求之實現之。作成如此當然應有之某種人生及世界。而後已。中庸曰。凡事豫則立。不豫則廢。言前定則不跲。事前定則不困。行前定則不疚。道前定則不窮。蓋言吾人作爲活動。必常豫想某種完全事物。而前定之以成理想。是於事物之成立。出乎不得已者。而儒學上相對之道德理想之發現。莫不原本乎此豫道之義也。（詳見第四篇第三章第二節辨義條。及第四節第一段誠身明善條。）人之知慧情緒。向上益進。不能以自然現實之人生與世界。自致滿足。而其所豫定之理想益至高尙。則其所追求之目的。亦隨之益致遠大。其作爲活動。亦由此益見發越。遂至步步向前層層轉進。有不可已者矣。於是始有所爲許價作用者發生焉。評價作用者。按作爲活動之目的理想。以評量一切事物之價値。判斷其尊卑善惡。必欲擇定其中最完善者。而有所作成。所謂成性之欲求作爲。實基於此。而其所以與單純厚生之欲求作爲。不能必得一致者。亦實於此見之。然則凡人有理性者。必由其當然應有之理想。欲求乎性質完善之生活。而起發乎成性作爲之活動。是亦其本性之自然。無足怪者。繫辭傳曰。精義入神。神以知來。知幾其神乎。幾者動之微。吉之先見者也。君子見幾而作。蓋此之謂也。（詳見辨義條。）古來講論道德之學者。動輒偏重理性。蔑視情意。卽以純理一孔之見。欲盡人之本性。與道義上生活之全體。雖大謬不可取。然苟言人生之善惡。論其道義生活之高下者。終不可不以人類理性之固有。認爲其成性欲求作爲活動所由來之主要素也。孟子謂人類固有良心。良知良能。是非之心。皆可以擴充而成德。且曰。仁義禮知根於心。曰理義之悅我心。猶芻豢之悅我口。曰。魚我所欲也。熊掌亦我所欲也。二者不可得兼。舍魚而取熊掌者也。生亦我所欲也。義亦我所欲也。二者不可得兼。舍生而取義者也。曰。可欲之謂善。有諸己之謂性。充實之謂美。充實而有光輝之謂大。大而化之之謂聖。聖而不可知之之謂神。蓋言成性之欲求作爲。與判斷價値之理想。本乎人性之所固有。而豫想前定。層層向上。發展無窮極。王陽明所謂堯舜之上。善無盡者。（傳習錄）亦是此義。

人之作爲。既由其目的理想發起。決不復滯留於素樸衝動本能之生活。安住於單純厚生作爲之境域。乃欲向一層善良完全之境域。進行作爲。而不已者也。然此境域。果何在耶。吾人所住之現實自然世界。固所未有。則不可不求之吾人所追求當然應有之理想中。而其求之者。卽吾人現實之自我。住在現實世界者也。故此理想中之境域。唯可以此實現於吾人現實之自我。及世界上。而始實得身踐其地耳。否則吾人所欲求目的理想。終無達成之一日。何則吾人努力以欲實現理想上境域。亦唯可依吾人實際作爲之事業。而始能達成之。則其實現達成之道。亦唯在此現實界可求之。不可超越現實界外。而求之別種世界也。若超越現實界外。而求之別種世界。則或欲進入所謂本體界。或欲憧憬所謂歸依界。此種世界。乃所謂形而上學或宗教上所開示。唯可以一部思想理會之覺悟之。或以一部感情信仰之投歸之。非吾人平生實際自我全體所欲求作成之境域也。古來高明超凡之士。往往或欲脫離此現實之自我與世界。直入彼理想中境界。逍遙自適。以爲達其目的者。是乃所謂觀念生活之特質。如老莊道家。柏拉圖學派（卽如柏羅的諾斯(Plotinus)等輩是）及佛教小乘與大乘始教徒等類是也。此輩。率排現實世界。專求幽玄恍惚之道。不顧身世家國之存亡。雖或屬一部生活。知識活動之樂地。要非吾人一般生活。人格活動全體所欲求之道也。然則吾人一般生活。人格活動全體所欲求之道何如。曰。唯於此現實日常作爲生活中。一則依其現實自我。更欲作成一層完善之實際自我。一則由其現實世界。更欲作成一層完善之實際世界。必使其自我與世界。共近接於至善至完之理想境界而後已。故其爲道也。唯以其自我與世界爲之經緯修造。變通化裁。精進而不已。卽亦唯據其現實之自我與世界。加以經綸化裁之功。以作出新自我與新世界而已。是故其道之於現實界。則一切事物能保存其實質內容。而變化其形相體格。卽無全然破壞滅亡之禍。亦能收漸次創造改修完成之效。周易繫辭傳所謂繼之成之。顯諸仁。藏諸用。鼓萬物。富有日新。盛德大業至者。又中庸所謂成已成物。合外內。擇善固執者。此之謂也。雖然。吾人以此眇然一身。向上向下。對敵天地萬物。加以經綸裁成之功。而不疑其不能收效果者。無他。吾人自我中。具有獨立自由之意志故也。意志者。實吾人作爲經綸之本幹。吾人苟欲一有所作爲經綸。必依其自我意志之力。選擇而決定之。精進而推行之。蓋吾人意志。其廣義者。雖同屬天地萬物之一。不能脫出天地大自然界。然其狹義者。直可與天地萬物相對並立。以保持其特種自由。故吾人自我意志之於天地間。除其自我外。毫無所羈束。此其所以能爲自我之本幹。而使吾人能有獨立自由之作爲活動也。詳見第三篇第三章第二節末段然則吾人意志。實能固持其自我所欲求至完至善之目的理想。而推行其作爲經綸之事業矣。卽使自我與世界。轉進完善無難矣。但吾人之自我不能離其所住環境世界而獨自生成。故真能使其自我作成完善者。亦必能使其所住世界。共同作成完善。此所謂合外內之道也。果能行此道。則按此自我向上完善之程度。以卜知彼環境世界向上完善之程度。亦無難矣。或謂孔子曰。子奚不爲政。子曰。書云。孝乎惟孝。友於兄弟。施於有政。是亦爲政。奚其爲爲政。此之謂也。是故吾人作爲經綸。先宜下手用力者。卽在此自我統體之向上完善。卽亦在此自我自體不斷之脫化轉進。大學曰。苟日新。日日新。又日新。子絕四。毋意毋必。毋固毋我。子曰。克己復禮。周易繫辭傳曰。日新之謂盛德。皆言努力修治。脫化其舊自我。以爲新自我。後儒解此。或執純理之偏見。謂可淨盡人欲。只存天理者。非其義也。毛詩大雅曰。周雖舊邦。其命維新。孟子說滕文公曰。子力行之。亦以新子之國。尙書康誥曰。作新民。言其作爲經綸之由其自我。延及國民國家也。周易屯卦象傳曰。雲雷屯。君子以經綸。乾卦象傳曰。天行健。君子以自强不息。泰卦象傳曰。天地交泰。后以裁成天地之道。輔相天地之宜。以左右民。此更推此經綸創造之道。以至天地世界之大也。繫辭傳又曰。化而裁之謂之變。推而行之謂之通。舉而錯之天下之民。謂之事業。此亦形容吾人經綸作用之廣大也。

總之。人之作爲生活。不僅欲求其生活程度之厚遂。更必欲求其生活性質之完善。而此二種欲求。原出乎人性之自然。而亦其必然者也。何則厚生與成性二者。不可不相輔而行。若闕其一。而欲獨成。不可能也。獨成既不可能。而猶欲特立孤往。偏求其生活全體之完成。愈不可幾也。蓋成性之道。其所本之基礎。必在厚生之道而得之。厚生之道。必待成性之道而遂之。苟成性之道。而能十分曲盡其道。久不失其所本。則其道卽謂爲遂生之道。亦無不可。是以凡人作爲生活之道。先欲盡成其性。而厚遂其生活。此所以有教育倫理。政治經濟諸道術。自然興起。以求盡性遂生之道。而儒道更握其諸道術之大本樞要也。不然。其道必偏於一面。名雖稱盡性。實或陷於剝性。遂致滅殺人之生機。甚或有不能復活者。如羅馬末造。斯多噶學徒。及宋元以後性理學家。比比皆是。戴東原曰。後儒以理殺人。（戴氏遺書文集卷八。與某書曰。酷吏以法殺人。後儒以理殺人。）其此之謂歟。反之專務厚生之道者。多主功利。流於霸術。以力爭爲事。使人縱情放恣。陷於禽獸。而其所求富强。亦終歸於消滅而止。如戰國之興亡。古今史蹟所示。歷歷可數。唯此儒道所作爲經綸。必欲使人本乎厚生而成性。待於盡性而遂生。以完全其生活之統體。故其道能無偏無黨。蕩蕩平平。此王者大公至正之道。所以逈異於霸術者偏側暴亂之道。與夫遺世獨善。隱居放言之道。且夫使人完全其生活之統體者。卽亦使人完成其人格之謂也。故其道似唯人之完成其人之道。實則兼及人之所以完成一切人生。及世界之道者也。故其道可一言以約之。曰人道是已。

然則此人道之完全生活。完成人格。將於何處求其方途耶。予意決不能於自然現實世界求得之。唯於當然應有之理想上。卽唯於理想上自我。始可求得之也。吾人仰觀俯察。偏求此理想上自我而不得。唯有覆育宇宙萬物之天。與此爲近。於是直欲向上而與此天合一。以其理想上自我。實現於現實自我。及世界上也。且其推行之之道。亦唯在以天所推行作爲之道爲其道而推行之。是故人道之究竟。人作之大法。唯以天道之推行。天作之至法。爲其理想。乃與天道天作合一而推行之。以至其所至耳。此天人合一。推行作爲之道。卽吾所謂人道。亦卽所爲儒道。其在古書。燦然放光於易書記紀等中者。皆此道也。

雖然。宇宙萬象森羅。可繫者多也。而吾人作爲生活之理想。何獨必繫之天與天道耶。又何以必以是道實現於現實自我。與自我所住世界上耶。指明斯道根據。而依此尋繹其當行之道術法式以定立之。是乃儒學本統要務之所在，下篇審之。

第四篇　儒道之展開——儒道本統論

第一章　人道與天道

吾人生活之作爲經綸。其進行過程。唯在完行人道。而人道最完全之理想。唯在天道。故吾人行道。亦唯欲與此天道合一。而實現之於現實自我。及自我所住世界上而已。(參照第三篇末章) 然吾人生活之理想何獨繫於天耶。又何獨繫於天道耶。蓋現實出於自然。而成於理想。理想本於現實。而實現於現實界。知現實與理想相豫定立之關係。則知天人相待合一之關係矣。天與天道。不特爲吾人作爲生活之理想。且爲吾人現實生活之本原。凡吾人生活之作爲。唯遡源於生成人物之本原。尋其所以自能作爲生成之道。而始得確固不拔之根據。故儒道展開之第一步。在反本原始之人格活動。夫唯先反本原始。窮明現實之形相。實在之理致。然後可言其理想之構成實現。與人道

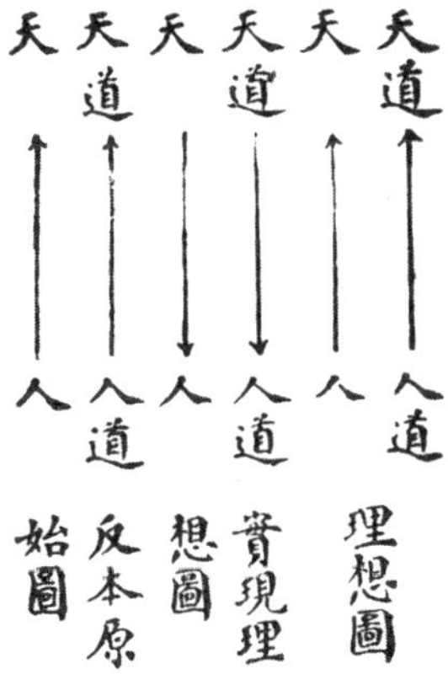

天道 ←—— 人道
天 ←—— 人
理想圖

天道 ——→ 人道
天 ——→ 人
實現理想圖

天道 ←—— 人道
天 ←—— 人
反本原始圖

之定立展開。而不至謬誤。故吾人講求道術。著實進行。欲不陷於假空混茫之理想論。則於此天人自然作爲之關係現實世界之大本原。儒道根據所在。不可不詳加反省考察焉。

人之生於天地萬物間也。仰觀俯察。自思其關係。求其本原。曰人何以生。曰有萬物而後生其中也。曰萬物何以生。有天地而後生其間也。曰天地何以生。此疑問之解釋。必待自然科學。及哲學上觀察推究之知識。而後得之。不然。則必由宗教信仰上。直接悟覺之感性而得之。即必取宇宙萬物。而考察其象數。從繁至簡。由顯入微。盡其形相理致。推求究竟大本。而歸之一原。或由直接經驗。以至體認此一原而後已。古今東西。人類思想史上問題。種類雖多。要其歸結。皆一其揆。雖然。此一原之爲物也。所觀既異。而所映亦各不同。其由形而上學上思辨推究者。或視爲究竟原理。或視爲實在本體。其從物理學上考察認定者。或謂爲原質。或謂爲原氣原力。又其從

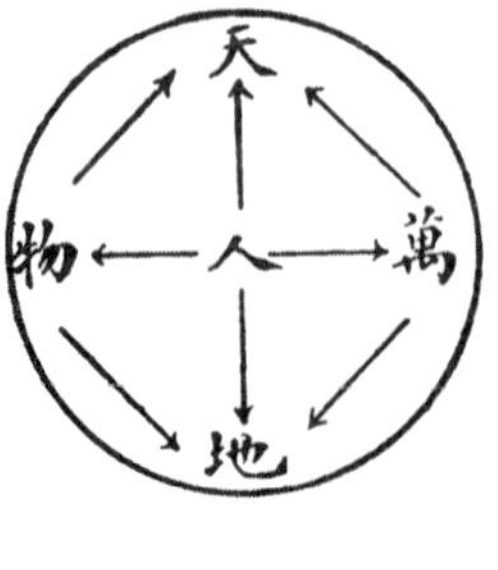

宗教信仰上感悟崇尊者。或曰神明。或曰上帝佛陀。凡此種種觀念。皆由其心所映形相理致不同而成之。故雖不免模象言說之相違。至其所指一原實體。則皆無不同。譬如廬山。其爲峯爲巒。惟因見地不同而已耳。又如荀子解蔽所說。曰。厭目而視者。視一以爲兩。掩耳而聽者。聽漠漠以爲哅哅。冥冥而行者。見寢石以爲伏虎。見植林以爲後人。明月而宵行。俯而見其影。以爲伏鬼。仰視其髮。以爲立魅。凡其感忽之間。疑玄之際。此人之所以無有而有無之時也。此雖就所謂錯覺妄覺之所蔽。言其可解除。然吾人知覺事物。認識形相。同是一物。而由人稍異其所見。又同是一人。而亦由時地稍異其所見。此亦心理學上難免之事也。周易繫辭傳曰。神无方而易无體。蓋言易道作用。神運妙變。無一定形相。唯其然也。斯其所以能呈種種形相。而不可測也歟。故又曰。仁者見之謂之仁。智者見之謂之知。百姓日用而不知。彼諸科學哲學。及宗教上所見。所謂一原實體。恆呈種種不同之形相者。豈有他哉。其理亦猶是也。古來東西諸種教學。並起。各據所見。互相是非。各立宗旨。互相排斥。褊狹已甚。決非達觀大本之道。唯我唯道。所包至廣大精微。攝收種種思想。而無衝突。統會一切理致而能曲通。形相之異。在所不拘。譬如浩海大野。雲山合沓。氣象萬千。任人遊目騁志。各使隨分自得而已。譬如天地之無不持載。無不覆幬。譬如四時之錯行。如日月之代明。萬物並育而不相害。道並行而不相悖。小德川流大德敦化。溥博淵泉而時出之。是以舟車所至。人力所通。天之所覆。地之所載。日月所照。霜露所隊。凡有血氣者。莫不尊親。中庸子曰。天下何思何慮。天下同歸而殊塗。一致而百慮。天下何思何慮。曰。易其至矣乎。夫易聖人所以崇德而廣業也。曰。夫易廣矣大矣。以言夫遠則不禦。以言乎邇則靜而正。以言乎天地之間則備矣。聖人有以見天下之賾。而擬諸其形容。象其物宜。是故謂之象。聖人有以見天下之動。而觀其會通。以行其典禮。繫辭焉以斷其吉凶。是故謂之爻。言天下之至賾。而不可惡也。言天下之至動。而不可亂也。擬之而後言。議之而後動。擬議以成其變化。曰。君子將有爲也。將有行也。問焉而以言。其受命也如嚮。无有遠近幽深。遂知來物。非天下之至精。其孰能與於此。參伍以變。錯綜其數。通其變。遂成天下之文。極其數。遂定天下之象。非天下之至變。其孰能與於此。易无思也。无爲也。寂然不動。感而遂通天下之故。非天下之至神。其孰能與於此。夫易聖人之所以極深而研幾也。惟深也。故能通天下之志。唯幾也。故能成天下之務。唯神也。故不疾而速。不行而至。子曰。易有聖人之道四焉者。此之謂也。（繫辭傳）學者能精觀易道所包之廣大。以思儒道所該方面之多端。亦可以得其一斑矣。蓋易道要義。在指明宇宙萬象生成之理法。而定立其對於人類作爲生活之關係。以示其作爲經綸之方途。故必觀象推數於卦爻中。據時處位之關係。以考天人作爲生成之故。以斷其當然之規範。說卦傳所謂窮理盡性。以至於命者。是也。然而其窮萬象生成之理法。而推其大本也。遂自天地陰陽。遡至絕對一原之太極。乃由此太極。演繹天地陰陽人物萬象所以能作爲生成發展之法則。以定立其可以盡性遂生完成人世之規範。繫辭傳所謂易有太極。是生兩儀。兩儀生四象。四象生八卦。八卦定吉凶。吉凶生大業者。是也。太極者。天地人三極卽三才之究竟。卽亦一切萬物之大本一原也。故其名義。雖猶不免與三極萬物相對稱。然其實體。則有若哲學宗教所指之一原實體。然唯一絕對渾然無差別者也。且既曰有太極。以明太極之有。是認可其究竟本體之實有實在。決非假空幻滅之現

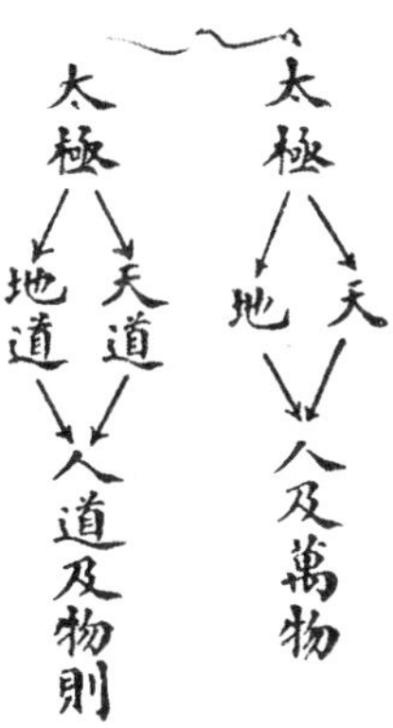

太極
地　天
人及萬物

太極
地道　天道
人道及物則

象也。夫實有實在者。必自具有實有實在之性能。故自誠能實有實在也。苟自誠能實有實在者。必自顯現而不可掩。大學曰。誠於中。形於外。孟子曰。有諸內。必形諸外。中庸曰。莫見乎隱。莫顯乎微。詩曰。神之格思。不可度思。矧可射思。夫微之顯。誠之不可揜如此夫。皆言凡能實有實在者。必自能顯現其本質於種種形相物象。而不可掩也。既自能顯現其本質於種種形相物象者。是乃其自能作爲生成事物之謂。一人如是。一物如是。萬物亦如是。則太極爲一切萬物之究竟一原。而實有實在者。亦必爲作爲生成一切萬物之根原本質也。無疑矣。繫辭傳又曰。生生之謂易。蓋謂此也。（此種觀察。專據現實世界。以推窮其本質之實有實在。故其所論。亦只是第一次素朴認識上之問題。若進至第二次理想上實在之決定。則詳見下文第三章第一節誠道之本幹。）然則易言太極之有。言其實有本質。自能恆久作爲生生不已。即一切儒道確實存立之大本根據也。然而其作爲生成發展無窮之特性所在。是不可不加意深思焉。周濂溪乃於太極上更加無極二字。以爲太極之本。甚屬無謂（陸象山與晦庵書曰。梭山兄謂。太極圖說。與通書不類。疑非周子所爲。不然則或是其學未成時所作。不然則或是傳他人之文。後人不辨也。）素引曰。伏羲一畫而道乃通。（山鹿語類卷四十三。太原節。）仁齋曰。伏羲之目無死物。（童子問）此言幾得之矣。太極又曰大一。孔氏周易正義曰。太極謂天地未分之前。元氣混而爲一。卽禮之大一也。故老子云道生一。卽此太極也。（按老子析言道與一爲二。其實一太極也。說詳下文。）禮記禮運曰。夫禮必本於大一。分而爲天地。轉而爲陰陽。變而爲四時。列而爲鬼神。孔氏正義曰。大一者。天地未分。混沌之元氣也。極大曰大。未分曰一。鬼神謂生成萬物鬼神也。四時變化生成萬物。皆是鬼神之功。平田大壑曰。大一者。元始至尊之神明。記紀所謂天御中主神是也。陰陽天地者。高神二柱皇產靈神。及岐美二柱伊邪那神是也。（見其箸赤縣太古傳。黃帝傳記。三易由來記。及弘仁歷運記考等諸書。）蓋以太極或大一。視爲絕對渾一之元氣。一切萬物所以生成之根原。又視爲至高至尊之神明。或名之曰大一神。漢以前傳來之古義皆如是也。繫辭傳曰。作八卦以通神明之德。說卦傳曰。幽贊於神明而生蓍。其必以神明言之者。因其作爲妙生萬象之主體。神化作用。不可測也。故說卦傳曰。神也者。妙萬物而爲言者也。繫辭傳曰。陰陽不測之謂神。知變化之道者。其知神之所謂乎。精氣爲物。游魂爲變。觀卦彖傳曰。觀天之神道。而四時不忒。聖人以神道設教。而天下服矣。文言傳曰。夫大人者。與天地合其德。與日月合其明。與四時合其序。與鬼神合其吉凶。中庸曰。質諸鬼神而無疑。知天也。鬼神之爲德。其盛矣乎。視之而弗見。聽之而弗聞。體物而不可遺。使天下之人。齊民盛服。以承祭祀。洋洋乎如在其上。如在其左右。詩曰。神之格思。不可度思。矧可射思。由是觀之。儒道淵源。含有一種宗教上之觀念。可以想見而其所主。則在現實人生及世界之作爲經綸。故不至自立一派特種之宗教。如後世道教。及日本神道而已。且夫以太極視爲渾一之元氣。一切萬物所以作爲生成之根原者。乃自認其中亦含有萬物所以作爲生成之道德之元理在也。是故其發爲宇宙萬象也。萬物散殊。各享有其性分氣質。而其中又有條理道德普遍通行。以能錯綜變化。作爲生成無窮。然則太極一原。其中包含理氣。而成一究竟實體者。以彼形而上學及物理學上原理原質二種思想。攝收其中。以爲一者也。其所謂理是其實體統一之形相理致。而其所謂氣。是其實體活動之本質。二者相依共存。而使其實體旨能作爲之。生成之。發現之。展開之。以成宇宙森羅萬象。希臘亞氏舉形式與質料二者關係發展以說其實體之顯現者。義頗近之。老子所謂道非常道。乃專指太

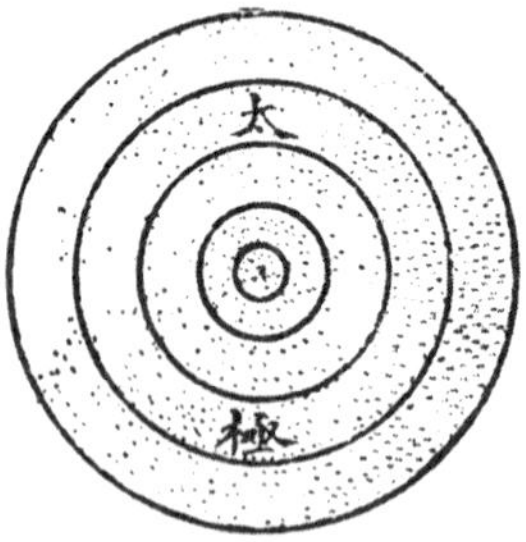

太極

點以假示生成之元氣
線以假示生成之元理

極自體之本質言之也。曰。道生一。一生二。二生三。三生萬物。曰。道之爲物。惟恍惟惚。惚兮恍。其中有象。恍兮惚。其中有物。窈兮冥。其中有精。其精甚真。其中有信。自古及今。其名不去。以閱衆甫。大壑改信字作申。引說文曰。申神也。按。老子所謂一也。象也。是指實體統一之理致形相言。物也。精也。信也。指實體活動之本質言。苟言理致形相。已墮於形而下現象界。卽可以吾人相對上名辭表明之。故曰一。生萬物。指示實體之本質。猶超然在形而上絕對界。難以吾人相對上名辭提舉之。故曰。有物混成。先天地生。寂兮寥兮。獨立而不改。周行而不殆。可以爲天下母。吾不知其名。字之曰道。强名之曰大。又說此間不離不卽之關係。曰。視之不見。名曰夷。聽之不聞。名曰希。搏之不得。名曰微。此三者不可致詰。故混爲一謂以一表明其理致也·其上不皦。其下不昧。繩繩兮不可名。復歸於無物。謂其本質之超越於現象界也·是謂無狀之狀。無象之象。是謂忽恍。迎之不見其首。隨之不見其後。謂實體之形相卽如是也·夫太極太一實體之形質形相理致·與本質活動·待老子而始析微闡玄。至矣。盡矣。後儒程朱二氏之徒。好講性理之學者。或偏重理而貶氣。舉人物本性。全歸之一理。乃以太極亦純視爲一理。遂使其所謂人物氣質之性。失其所本。故其說愈高。而其義愈差。終至支離乖謬。不可實證。仁齋東原二氏。極力排闢。（參考仁齋語孟字義·及童子問二書·東原孟子字義疏證·原善·文集諸書·）素行益軒二氏。審覈究明（參考山鹿氏語類·聖學篇惟心大原兩節·貝原氏大疑錄·）學者始得復見人物本性。及太極之全真。繫辭傳曰。形而上者謂之道。形而下者謂之器。蓋陰陽天地萬物。皆太極元氣所發動分生。所謂器是也。陰陽天地萬物所以自能作爲消長。循環往來交通不已者。是太極原理所顯現通行。所謂道是也。器就萬殊形體現象之實質言。道就萬殊形器中普遍通行之種種作用法式。形相理致言。故又曰一陰一陽之謂道。一字之字。措辭之意在表陰陽之作用理致。是乃其所謂藏諸用者。非謂陰陽卽爲道也。此義伊川既善闡明之矣。（見其遺書）繫辭傳曰。易之爲道也。變動不居。周流六虛。上下无常。剛柔相易。惟變所適。道有變動。故曰爻。（交作也）爻有等。（等差也）故曰物。（萬物也）物相雜（錯雜也）故曰文。（文理也）天地絪縕。萬物化醇。男女構精。萬物化生。所謂絪縕也。化醇也。構精也。化生也。是乃道之作用理致大端所見。今試舉卦爻。更具體而言之。譬如乾坤二卦。二五往來。應爻交通。以互成水火既濟定。☵☲六爻各得其所。自能窮理盡性。而其所以作爲生成萬物之理致。亦自見於其中。是荀爽虞翻所傳。漢易精義所在。陳蘭甫東塾讀書記表彰之不誤。羽嶽先生恆言。能通乾坤二卦。往來交錯之義。而易道可知也。繫辭傳曰。乾坤其易之門耶。乾陽物也。坤陰物也。陰陽合德。而剛柔有體。以體天地之撰。以通神明之德。乾坤其易之蘊邪。乾坤成列。而易立乎其中矣。文言傳曰。乾元者始而亨者也。利貞者性情也。大哉乾乎。剛健中正純粹精也。六文發揮旁通。情也。坤道其順乎。承天而行。蓋陰陽天地。分生運交。互行其道。而其中粲然見文理之顯現。是乃太極一原理氣性情之所發揮。亦天地理氣性情之所發揮也。夫器由氣而成。道依器而行。理依道而現。表裏相成。外內相依。顯微本末。體一分殊。聚散離合。作爲生成無窮者。是太極實體自能作爲生成顯現之形相。即亦萬象生成發表之理致。自然如是也。

如上所述。則太極一原之實體。包含生氣生理二元。而其生氣則其實體發動作爲生成之本質。其生理則其實體所以自能保持實在之理致形相。理致形相之見。雖因時地有異。然必唯在其統一靜定之形式（式即法）見之。故繫辭傳曰。易无思也。无爲也。寂然而不動。感而遂通天

實
生　生
氣　理
體

現
道　器
實質　理法
象

下之故。所謂无思无爲寂然不動者。就其實體統一保持實在之形式言之。感而遂通天下之故者。就其實體流動作爲生成之本質言之。中庸曰。誠者不勉而中。不思而得。不見而章。不動而變。無爲而成。此之謂也。夫形式則能靜定示相。本質則能流動不息。非靜定示相。何以時見理致。非流動不息。何以永存本質。故自能靜而動者。太極之性情。易道之本性。卽亦天地萬物之實情也。孔氏正義。據鄭氏易贊。舉變易與不易兩義。以解易之性質者。以此故也。繫辭傳曰。其爲道也屢遷。不可爲典要。惟變所適。其出入以度。外內使之懼。初率其辭。而揆其方。既有典常。原始要終。以爲質也。六爻相雜。唯其時物也。其初難知。其上易知。本末也。初辭以擬之。卒成之終。所爲度也。揆也。質也。時物也。本末始終之關係也。言其萬變中必有一定形式。式法可以把握者也。苟其形式與本質之不可分離。必也靜中有動。動中有靜。以成實體。不可偏視一面。以爲全體。然老子書中。既多主靜之語。王氏易注。周氏太極圖說。又遞提其義。宋元以下學徒。竟瞢然奉之。而主靜無欲之說。遂風靡天下。有不使生民相比爲泥塑人不止之勢。是則不愼本之過也。

陰陽者。就萬象生成之始終而言者也。繫辭傳曰。原始反終。以知死生之說。是以生爲始。以死爲終者也。蓋陰陽相對而生。無陽則無陰。無陰則無陽。故陰陽不能獨存。亦不能獨生。唯陽主生。而陰主殺。譬如春生秋殺。殺者節度分限之謂。所謂死者。亦猶是耳。秋冬往而春夏來。陰陽二氣。循環消長。生生不已。終始無端。生死如環。故吾人欲求恆久生活者。必專尊生。或獨言陽生。以統陰殺。固無防也。

陰陽循環消息圖　點以示器　綫以示道

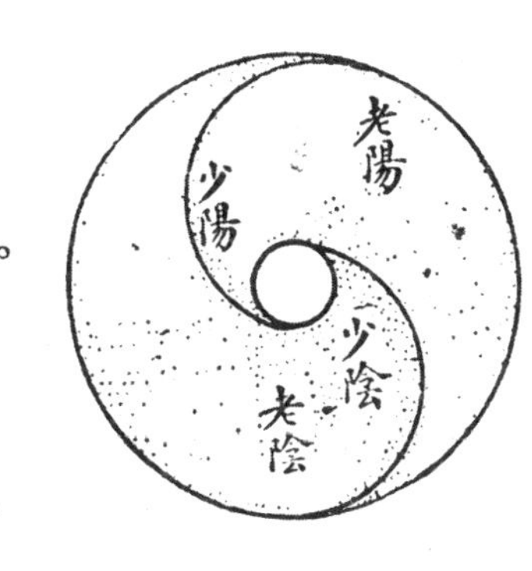

天地以體質言。則天主陽生。而地主陰殺。皆器也。惟天主陽生。故或以此與太極同一視之。爲絕對一元之實體。或視爲哲學上原理。或視爲物理學上原氣原質。或視爲宗教上主宰神明。若孔子所謂天之觀念。則兼具此三種思想。而有時見其一面也。參考蟹江義丸氏孔子研究一書。

天地以往來交通言。則各有其所推行之道。此之謂天道地道。天道主陽。地道主陰。陽道主生。陰道主殺。故吾人尊生者。或獨舉天道。以攝地道。單言天道。譬如日月雨露。覆育萬物。萬物生死於地上。然死而必復生。循環不已。則謂爲以生終始者亦可。故吾人本性。欲求恆久生活者。專尊生。而有時唯舉天道。以言天地之道。亦無防也。蓋天道者。乃

太極
天
地
天
天道
地道
天道

太極生生理氣之所發現通行。故亦爲作爲生成之道。孟子曰。以生道殺民。雖死不怨殺者。夫地道屬陰。其道雖以殺爲主。而其殺道。亦已生道行之道。則其所歸。亦必在於生而已。故雖攝爲生生之道。亦無防也。然則天地之道。卽是一生道。有時或舉天道言之者。其中亦攝有地道在焉。周易觀卦彖傳所謂天之神道者。此之謂也。是故天地之道。一而二。二而一者也。泰卦辭曰。小往大來吉。彖傳曰。天地交而萬物通也。上下交而其志同也。內陽而外陰。內健而外順。蓋乾坤二卦。象徵天地萬物於相對之二元。以示其特殊性能之大義。繫辭傳所謂易簡而天下之理得者也。此二者。二而一。猶天地耳。乾者。說文。上出也。从乙。物之達也。倝聲。按。乙。氣屈伸而升也。倝。古文倝。小篆倝。曰始出。光倝倝也。从旦㫃聲。㫃象旗旒偃蹇逶迤之狀也。蓋乾有伸展流布之義也。說卦傳曰。

乾健也。乾彖傳曰。大哉乾元。萬物資始。乃統天。雲行雨施。品物流形。大明終始。六位時成。時乘六龍以御天。乾道變化。各正性命。保合太和。乃利貞。坤者。說文地也。易之卦也。从土从申。朱允倩曰。實卽陳字。陳籀文𨻰从𠂤从申。篆文陳从𠂤从木申聲。从𠂤猶以土也。地者。說文元氣初分。輕清陽爲天。重濁陰爲地。萬物作陳列也。按坤陳皆从申。俱有伸展之義。竹山翁曰。申古文𠃉亦作𢀘。蓋電之本字。象陽氣發展也。（見其箸漢字詳解）說卦傳曰。坤順也。釋名曰。上順乾也。坤卦象傳曰。地勢坤。君子以厚德載物。按。順與訓馴等字。以川爲音義。川者。說文。毌穿通流水也。古文巛。廣雅。巛順也。又曰柔也。允倩曰。坤亦作巛。卽卦畫竪作。或以川爲之也。按申川二字。其古音義相通。故从申之坤字。與川字本同用巛。或用巛。亦俱有伸展流布之義也。且从申之神字。其古音義。蓋猶坤字。故乾坤神三字。皆有生氣伸展流行不已之義。乾坤以其妙生萬物言之則爲神。乾由其有所主宰言之則爲君。故說卦傳曰。乾君也。坤以其上對乾則爲臣。而以其下對地上萬物則亦爲君。或以羣字表之。荀子曰。羣君也。家語所謂會羣神者。會地上四方君長也。說卦傳曰。坤也者地也。萬物皆致養焉。故曰致役乎坤。坤彖傳曰。至哉坤元。萬物資生。

乃順承天坤厚載物。德合無疆。含弘光大。品物咸亨。說文。神。天神。引出萬物者。祇。地祇。提出萬物者也。茂堂曰。天神引三字。地祇提三字。各古音同部。由是觀之。乾坤之道。猶天地之道。同謂之爲神道。固可。謂之爲君道。亦無不可。蓋其元亨利貞作爲活動。生成萬物。發展不已之性能。與天地之生道。毫無異也。繫辭傳曰。天地大德日生。德者何。禮樂記。釋名。皆曰。德者得也。說文。悳。外得於人。內德於已也。从直从心。德。升也。从彳悳聲。允倩曰。悳从心直聲。經傳借德爲悳。又借得爲德爲悳。說文。得。行有所得也。从彳㝵聲。古文省彳。㝵。取也。从見从寸。寸度之。亦手也。會意。左傳定公九年。凡獲器用曰得。得用焉曰獲。允倩曰。古又借得爲値。莊子太宗師。得者時也。注。當所遇之時。世謂之得。禮記王制。必參相得也。注。猶足也。按。德有廣狹二義。其廣義。蓋就凡事物所有作爲之性能。對於吾人一般。遂生生活。足以決定價値程度者言之。韓退之曰。由是而之焉之謂道。足乎已。無待於外之謂德。道與德爲虛位。故道有君子小人。而德有凶有吉。按。吉德凶德。見左傳。（文公十八年。）吉凶猶言善惡。而義更寬。譬如禍福咎祥。利害得喪等諸觀念。凡事物所有作爲之性能。對於人生。其價値之高下多寡。不問直接於盡性生活與否。皆渾在其中也。至其狹義。則專據盡性上直接評價品質之高下言之。孔子曰。驥不稱其力。稱其德也。仁齋曰。馬之有驥。猶人有君子也。（論語古義）一齋曰。所稱之德字。專就性良處言之。（論外欄外書）孔子曰。齊景公有馬千駟。死之日。民無得而稱焉。伯夷叔齊。餓於首陽之下。民到於今稱之。若夫天地之道。凡其所以能作爲生成萬物者。乃皆廣義之德也。莊子曰。物得以生謂之德。（天地篇）賈子曰。所道始謂之道。所得以生謂之德。（新書道德說篇）韓非子曰。德者人之所以建生也。（詳老篇）管子兵法篇注曰。德者道由以成者也。蓋道者。必能行而後爲道。而道之所以能行者。是爲德。則凡有道處。必不可無德也。是故天地作爲生成之道所通行處。必亦備有作爲生成之德。此之謂天地自然之大道德。宗此自然道德。不欲加以人爲之功者。有所謂自然主義一派。及老莊道家者流。

有天地。而後生萬物。人爲萬物之靈。故人在天地之間。能與此參立。以行其道。謂之三才。又曰三極。才者有其材能之謂也。極者自成其一全體之謂也。蓋人既爲天地所生。卽亦太極所生。而其所享之理氣性情。亦必渾然具備。與太極無異也。又其所顯之道器形質。亦必通行偏布。與天地無異也。此非特人爲然。凡物莫不然也。然則萬物各自成一小極。而一小極。能悉具太極所具。則不妨亦謂之爲一太極。但萬物所享之理氣性情。不能無精粗厚薄之差。唯人靈於萬物。其所享特爲精厚。故是以參天地而作爲生成。共行其道。於是始有所謂人道立焉。晦庵語類（卷一卷四）有萬物各具一太極之說。而其所謂太極。唯是一理。以氣外之。則與吾所言相似。而實有不同者。中庸曰。天命之謂性。率性之謂道。所謂天者。以天統地也。命者。天所賦與人理氣性情是也。率者。循由不逆也。道者。人道。其理氣性情發動而能通行者也。（詳見下文誠道章）

三才道德。皆一其本。故人之道。能作爲生成通行。與天地無異。文言傳所謂後天而奉天時者。是也。毛詩大雅曰。天生烝民。有物有則。民之秉彝。好是懿德。此言道法德性。自然具在人物中也。董子曰。爲生不能爲人（蘇厚庵義證曰。爲生者父母。）爲人者天也。人之爲人。本於天。天亦人之曾祖父也。此人之所以乃上類天也。人之形體。化天數而成。人之血氣。化天志而仁。（天地陰陽篇曰。天志仁。其道也義。）人道德行。化天理而義。人之好惡。化天之暖淸。人之喜怒。化天之寒暑。人之受命。化天之四時。人生有喜怒哀樂之答。春秋冬夏之類也。喜春之答也。怒秋之答也。樂夏之答也。哀冬之答也。天之副在乎人。人之性情。有由天者矣。故曰受。由天之號也（號猶謂也）爲人主者。道莫明省身之天。如天出之也。使其出也。答天之出四時。而必忠其受也。則堯舜之治。無以加是可生可殺。而不可使爲亂。故曰非道不行。非法不言。此之謂也。（春秋繁露爲人者天篇。人之爲人。本作人之人。今據盧氏注。增爲字。爲人主者。者字本作也。今從蘇氏義證改之。）又曰。以類合之。天人一也。春喜氣也。故生。秋怒氣也。故殺。夏樂氣也。故養。冬哀氣也。故藏。四者天人同有之。與天同者大治。與天異者大亂。（春秋繁露陰陽義篇）又曰。人之受命於天也。取仁於天而仁也。有父兄子弟之親。有忠信慈惠之心。有禮義廉讓之行。有是非逆順之治。文理燦然。唯人道可以參天。夫喜怒哀樂之發。與清暖寒暑。其實一貫也。喜氣爲暖而當春。怒氣爲清而當秋。樂氣爲太陽而當夏。哀氣爲太陰而當冬。四氣者天與人所同有也。非人所能蓄也。故可節而不可止也。節之而順。止之而亂。（王道通三篇）孔子曰。天生德於予。桓魋其如予何。曰。君子之德風。小人之德草。草上之風。必偃。曰。德之流行。速於置郵而傳命。孟子曰。君子所過者化。所存者神。上下與天地同流。豈曰小補之哉。按君子小人。道德有差。而道德性者。凡人所同有。故孔子曰。性相近也。習相遠也。至孟子。發明此義甚詳。曰。仁者人也。合而言之道也。曰。仁人心也。義人路也。曰。仁天之尊爵。人之安宅也。義人之正路也。其良心良知良能。以及擴充四端之說。莫不反求吾人道德本原於天性。以闡示其作爲生成發展盡性遂生之道。伊川曰。惻隱之心。人之生道也。蓋亦述孟子之意。要之。人間自有仁義生殺之道德行焉。與天地無異也。

三才道德。本雖自然同一。而猶各有其特殊顯著性質形相之可言。故說卦傳爲之大別。以明道法之關係焉。其言曰。昔者聖人之作易也。將以順性命之理。（言使人用此易道。循由其自然性命之義理。而有所生成也。）是以立天之道。曰陰與陽。（所謂一陰一陽。生生發展。繼續不已者。）立地之道。曰柔曰剛。（所謂剛柔相摩。萬物鼓動而化生者。）立人之道。曰仁與義。（孔氏正義所謂愛惠之仁。與斷刮之義相成者。）兼三才而兩之。（六畫初二爲地。三四爲仁。五上爲天。）故易六畫而成卦。分陰分陽。迭用柔剛。故易六位而成章。（章文理也。言成水火既濟定。以見其窮理盡性也。）按天道專以流行之氣言之。地道專以成立之質言之。俱由其主於寰宇物理上自然之關係觀之也。人道專以當行之德言之。由其主於人間倫理上當然之關係觀之也。然而其見地雖有如是差異。實則三者互相包含。各自具備。以成其道德。故人道仁與義當然之中。亦含有一陰一陽一剛一柔。自然之道在焉。天道地道。亦猶如此。文言傳所謂用九用六之道。可以悟此義矣。（九爲陽剛仁。六爲陽柔義也。）韓退之曰。凡吾所謂道德云者。合仁與義言之也。天下之公言也。老子之所謂道德云者。去仁與義言之也。一人之私言也。按。天地之道德。其中亦自含有仁義。老子所排。只在人爲之末。至其所本不可去也固矣。仲靈之非韓。（見鐔津文集。其學案曾載哲學雜誌。）意亦如是耳。孟子主人倫之當然者。以言仁義。猶且曰由仁義而行。非行仁義也。（離婁篇）由者。循由其自然天性之謂。則夫天道之自然。其中亦具有仁義也。亦審矣。但天道者。主於其氣自然之流行觀之。故文言傳曰。大哉乾元。萬物資始。言其大始也。繫辭傳曰。乾大生。其動也直。地道者以其質自然之成立觀之。故文言傳曰。至哉坤元。萬物資生。言其大成也。繫辭傳曰。坤廣生。其動也闢。天道之大始大生。地道之大成廣生。各爲其顯著之特色。亦皆人道中所應有之性能道德。而既爲自然。復爲當然者也。（參照第三章第五段第四節）然則人之行道。果能廣大生成。有如是者耶。

人生天地間。其道器之通同。必應能行天地之所行。然其道器之周偏大小。則不可同日而語。於是其行道之有局限。亦勢所不得已者也。唯夫王者聖人。出類拔萃者。始足以當之。中庸曰。聖人之道。洋洋乎發育萬物。峻極於天。優優大哉。禮儀三百。威儀三千。待其人而後行。故曰。苟不至德。至道不凝焉。蓋言唯完成人格。全備其德者。始能行此道也。繫辭傳曰。苟非其人。道不虛行。聖人有以見天下之動。而觀其會通。以行其典禮。神而明之。存乎其人。孔子曰。人能弘道。非道弘人。曰。道之不行也。我知之矣。賢者過之。不肖者不及也。曰。索隱行怪。後世有述焉。吾弗爲之矣。君子遵道而行。曰。舜德爲聖人。尊爲天子。富有四海之內。宗廟饗之。子孫保之。故大德必得其位。（其位。謂其人應得之位也。）必得其祿。必得其名。必得其壽。故天之生物。必因其材而篤焉。故栽者培之。傾者覆之。詩曰。嘉樂君子。憲憲令德。宜民宜人。受祿於天。保佑命之。自天申之。故大德者。必受命。（亦謂必受其時應受之命。非謂既有天子可代爲天子也。）然則王者也。聖人也。君子也。如斯大人格。如何能作成之。如斯大道德。如何能達成之。是有道焉。人之生活於大天地間。必先仰觀俯察。反本原始。思其關係。窮其形相理致之同異。而後欿然自覺其道器之偏小。既然也。則敬天尊天道之心。油然而起。且確信天之足以爲其自我之理想。天道之足以爲其作爲行道之理想。而欲與此合體並行。以此理想實現於自我及自我所住世界上。爲之努力精進不已。顧夫天人實體之爲何物。吾人既就此現實世界。依單純認識思惟之法。推察摸

寫。討尋其本原素質。窮明其實在之形相理致。以及其本質。而知其理氣性情自然流行通達之道矣。雖然。此種現實上單純認識思惟所得之結果。未可以滿足吾人自我成性之欲求也。吾人自我成性之欲求。必更追求理想而構成之。遂欲定立其作爲經綸以實現此理想之道。乃取彼現實上種種知識。爲其基礎材料。統理構盡以求其可以充於自我及世界理想者。及可以完成吾人性格生活之道。而終唯得之於天人合一作爲活動之中。於是人道

人道理想圖

太極
↑
天道
↗　↖
地道　天道
↖　↗
人道

人道實現理想圖

太極
↙　↘
地道　天道
↘　↙
天道
↓
人道

之依據。益形明定。其開展之方途。亦漸見闊達暢通。故曰。凡事豫則立。不豫則廢。言前定則不給。道前定則不窮。（中庸）此之謂也。孟子曰。行或使之。止或尼之。行止非人所能也。吾之不遇魯侯天也。臧氏之子。焉能使予不遇哉。曰。聖人之於天道也。命也。（謂吉凶禍福得喪有分限。而不可踰也。）有性焉。（謂仁義禮智四端。可擴充而完成也。）君子不謂命也。又其言盡心知性知天。存養事天。修身立命。以及天吏天民。天職天爵。中庸言至聖言行之配天。皆所以明其所豫想前

定。天人作爲合一之境涯者也。天人作爲合一之道。其要有二。曰繼承。曰法傚。是也。中庸曰。仲尼上律天時。下襲水土。襲者。因襲繼承之謂。律者。取則法傚之謂。天時水土。互言之耳。子曰。大哉堯之爲君也。巍巍乎唯天爲大。唯堯則之。蕩蕩乎民無能名焉。巍巍乎其有成功也。煥乎其有文章。中庸曰。肫肫其仁。淵淵其淵。浩浩其天。苟不固聰明聖知達天德者。其孰能知之。詩曰。鳶飛戾天。魚躍於淵。豈弟君子。遐不作人。子曰。君子上達。小人下達。下學而上達。知我者。其天乎。曰予欲無言。子貢曰。子如不言。則小子何述焉。子曰。天何言哉。四時行焉。百物生焉。天何言哉。尙書皐陶謨曰。天工人其代之。天敍有典。勅我五典。五惇哉。天秩有禮。自我五禮。五庸哉。天命有德。五服五章哉。此言代天作爲。而行其道。以爲其職分。而其必欲行之者。亦因欲繼承而繼行之。法傚而實行之也。繼承續行。所以久不忘其本也。法傚實行。所以更求其有終也。久不忘本。故能維持現實之人生。保既濟之美。無失墜也。更求有終。故能實現理想之世界。濟未濟之美。無窮期也。周易一書所載。率多繼承法效之道。象傳必有君子以。后以等語。每用以字。以人道繫之天道。而欲傚用於人事。實現於現實自我。及自我所住世界上。爲之作爲經綸不已。譬如天與水違行。訟。君子以作事謀始。風行天上。小畜。君子以懿文德。繫辭傳所謂一陰一陽之謂道。繼之者善也。成之者性也。又所謂法象莫大乎天地。天地變化。聖人效之。擬之而後言。議之而後動。擬議以成其變化者。是其大義也。大戴禮四代篇曰。天道以視。地道以履。人道以稽。孔廣森補注曰。天道在上。人仰而瞻之。地道在下。人踐而行之。稽同也。人道同之天地。可謂善說人道之理想與實現者也。禮記孔子閒居篇曰。天有四時。春秋冬夏。風雪霜露。無非教也。地載神氣。神氣風霆。風霆流形。庶物露生。無非教也。可謂善喻矣。至董子。更有實際具體之說。曰。人生於天。而取化於天。喜氣取諸春。樂氣取諸夏。怒氣取諸秋。哀氣取諸冬。四氣之心也。四肢之各有處。如四時。寒暑不可移。若肢體。肢體移易其處。謂之壬人。（蘇厚庵曰。壬疑夭之譌。與妖同也。）寒暑移易其處。謂之敗歲。喜怒移易其處。謂之亂世。明王正喜以當春。正怒以當秋。正樂以當夏。正哀以當冬。上下法此。以取天之道。春氣愛。秋氣嚴。夏氣樂。冬氣哀。愛氣以生物。嚴氣以成功。樂氣以養生。哀氣以喪終。天之志也。故生溉其樂以養。死溉其哀以藏。爲人子者也。（溉讀爲既。盡也。）故四時之比。父子之道。天地之志。君臣之義也。陰陽之理。聖人之法也。（繁露王道通三篇）又繫辭傳所說。頗極詳備。其略曰。古者。包羲氏之王天下也。仰則觀象於天。俯則觀法於地。觀鳥獸之文。與地之宜。近取諸身。遠取諸物。於是始作八卦。以通神明之德。以類萬物之情。作結繩。而爲罔罟。以佃以漁。蓋取諸離。包（疑伏字誤）羲氏設。神農氏作。斲木爲耜。揉木爲耒。耒耜之利。以教天下。蓋取諸益。是故易者象也。象也者像也。彖者材也。爻者效天下之動也。是故吉凶生。而悔吝著也。又曰。天尊地卑。乾坤定矣。卑高以陳。貴賤位矣。動靜有常。剛柔斷矣。方以類聚。物以羣分。吉凶生矣。在天成象。在地成形。變化現矣。是故剛柔相摩。八卦相盪。鼓之以雷霆。潤之以風雨。日月運行。一寒一暑。乾道成男。坤道成女。乾知大始。坤作成物。乾以易知。坤以簡從。易則易知。簡則易從。易知則有親。易從則有功。有親則可久。有功則可大。可久則賢人之德。可大則賢人之業。易簡則天下之理得矣。天下之理得。而成位乎其中矣。（詳見第三章第二節及第三章第四節第五段）

人道者。根於天。而起於吾人自我之理想者也。至其所以爲理想。亦在天地自然之道德。則爲之繼承法傚。作爲經綸完成人世者。必欲合一天道。而行天所行。是實儒道根本要義所在也。雖然。儒道之推行。若止於此根本要義。而不盡其統體之全。則與自然主義。道家者流。奚擇哉。然則儒道特質之可觀者。果何在耶。本於自然。而成於人爲。是已。蓋人之住在世界也其現實自我與世界。不足以滿其理想之所追求。而人之理想。層層向上。高遠無窮。則其作爲經綸之道。亦步步向前。發展不能已也。明矣。夫現實界萬物。唯天與天道。廣大完善。固足以繼承法倣。而行之。但猶未十分滿足吾人所層上追求之理想也。中庸曰。夫婦之愚。可以與知焉。夫婦之不肖。可以能行焉。及其至也。雖聖人。亦有所不能焉。天地之大也。人猶有所憾。故君子語大。天下莫能載焉。語小。天下莫能破焉。夫天道之大。而人猶有不能滿足者。以其有理想。更追求完善不已也。追求完善者。必期究竟。此其理想所繫。已超出現實界之上。不能以素朴認識思維上所得境域。爲真實安定之地。更欲作出究竟理想上實在之境域焉。於是人之作爲經綸。不只以現實上天道。單純之繼承法倣爲足。更欲以其現實上實在之道器。爲之彌綸化裁。必達至完至善之境域。而後已。故其道。必欲循於天作。而成於人作。以視宗歸自然。遺世獨善。復性而全天理諸道。判然有別矣。繫辭傳曰。易與天地準。故能彌綸天地之道。孔氏正義曰。以易與天地相準。爲此之故。聖人用易道。能彌綸天地之道。彌謂彌縫補合。綸謂經綸牽引。能補合牽引天地之道。用此易道也。又曰。形而上者謂之道。形而下者謂之器。化而裁之謂之變。推而行之謂之通。舉而措之天下之民。謂之事業。泰卦象傳曰。天地交泰。后以裁成天地之道。輔相天地之宜。以左右民。是皆易道之精要。抑亦儒道本質所在。作爲經綸之大義也。孟子曰。夫君子所過者化。所存者神。上下與天地同流。豈曰小補之哉。荀子曰。君子天地之參也。天地生君子。君子理天地。（王制篇）又曰。天有其時。地有其財。人有其治。夫是之謂能參。（天論篇）董子曰。天地人。萬物之本也。天生之。地養之。人成之。（立元神篇）又曰。天道施。地道化。人道義。（人副天數篇）按。理者。統整完成之謂。義者。適宜裁成之謂。禮運曰。人者。天地之心也。夫理氣妙運。性情發揮。生生活動。乾乾反復。推行其未濟之志。欲達成之。而不息無疆者。天人豈有異哉。此蓋天人本性之自然而然者。亦其意志之當然而然者也。是故人因爲欲達於理想。用其自由之意志。活動行道。不只作爲天地之所作爲。更欲作爲天地之作爲所未至。及其將作爲而未作爲者。而爲之補理經綸。變通推達。以完成人生與世界。而與天意無乖戾。（此所以人之能合一於天。使其道得究竟完全無漏。）文言傳所謂先天而天不違者。此之謂也。（參照第三篇儒道之發生）

夫彌綸化裁變通補理之事業。亦人之所以作爲經綸。完成天地之要道。而古先聖王。既能行之矣。文言傳曰。首出庶物。萬國咸寧。又曰。聖人作而萬物覩。（作者。作爲經綸之謂。）屯卦辭曰。雲雷屯。君子以經綸。彖傳曰。天造草昧。利建侯。而不寧。繫辭傳曰。聖人有以見天下之動。而觀其會通。以行其典禮。樂器曰。作者之謂聖。孟子曰。君子創業垂統。爲可繼也。董子曰。聖者設也。聖能施設事。各得其宜也。（春秋繁露五行五事篇）夫伏羲之作易。神農之作耒耜。文王之安民。周公之制禮。孔子之作春秋。定六經。凡其所以作爲經綸。開物成務者。即成其道。而傳於後世。詩（周頌清廟）曰。天作高山。大王荒之。（毛傳。作生。荒大也。天生萬物於高山。大王行道。能安天之所作也。）彼作矣。文王康之。彼徂矣。岐有夷之行。子孫保之。（鄭箋。彼萬民也。徂往。行道也。彼萬民居岐邦者。皆築作宮室。以爲崇居。文王則能安之。後之往者。又以岐邦之居。有使易之道故也。易曰。乾以易知。坤以簡從。易則易知。簡則易從。以此訂大王文王之道。卓爾與天地合其德。）中庸曰。無憂者。其唯文王乎。以王季爲父。以武王爲子。父作之。子述之。宗廟饗之。子孫保之。孟子曰。由堯舜至於湯。五百有餘歲。若禹皋陶。則見而知之。若湯則聞而知之。由湯至於文王。五百有餘歲。若伊尹萊朱。則見而知之。若文王。則聞而知之。由文王至於孔子。五百有餘歲。若太公望散宜生。則見而知之。若孔子則聞而知之。由孔子以來。至於今。百有餘歲。去聖人之世。若此其未遠也。近聖人之居。若此其甚也。然而無有乎爾。則亦無有乎爾。至吾邦　皇祖。　皇宗。肇國樹德之道。則冠絕宇內。流傳終古。至今猶新。詩云。倬彼雲漢。爲章於天。周王壽考。遐不作人。（大雅棫樸）中庸曰。君子之道。造端乎夫婦。及其至也。察乎天地。豈不然乎。物徂徠曰。道。先王之道也。先王之道。先王所造也。非天地自然之道也。作爲是道。使天下後世之人由是而行之。大抵自然而然者。天地之道也。有所營爲運用者。人之性也。（見其著辨道）按。性字宜作道字看。徂徠此說。蓋本於荀子。退天地之高遠。而近獨尊人。元良先生嘗曰。人之行道。唯人意志成之。徂徠之以道爲先王所造。亦有一面真理存焉。按。人道雖本乎自然。其成必在人爲。故古先聖王君子。作爲經綸。以遺後世之道。亦不可不尊也。誠如荀物二子所言。但徂徠之偏重人爲。不顧自然。徒馳末而忘本。殆與法家相近。是以大壑起而抗之曰。道。自然之道而已。惟天之神道而已。乃以太昊伏羲氏爲大國主神。視易道爲惟神之道。排斥文王孔子之教道。按。此亦單視素朴原始之道。而遺人爲修治之道。殆與黃老無異。夫易道所該浩繁。故觀天之神道而設教者有焉。欲順性命之理。而立三才之道者。亦有焉。中庸曰。率性之謂道。修道之謂教。則道豈惟天之神道而已哉。詩曰。成人有德。小子有造。（大雅文王）孔子曰。君子有三畏。畏天命。畏大人。畏聖人之言。孟子曰。規矩方圓之至也。聖人人倫之至也。百世之師也。韓退之曰。夫聖人乃萬世之標準也。董子曰。先王之遺法。亦天下之規矩。故聖法天。賢法聖。聖人易治同理。古今通達。故先賢傳其法於後世也。（深察名號篇）子曰。述而不作。信而好古。比我於老彭（通行本。我於顚倒。此依古本。）又曰。篤信好學。守死善道。孝經曰。先王有至德要道。以順天下。民用和睦。上下無怨。大雅曰。不愆不忘。率由舊章。乃見周成王之顧命。（尚書）列大訓於西序。我國　皇祖皇宗之遺訓。載於勅語。億兆奉承。莫之或違。至若記紀易書典謨誥誓。以及聖經賢傳之等。其大法大經。赫耀世界。與天地日月並行。雖不欲繼承法傚。豈可得乎。仁齋曰。聖人未生。道在天地。聖人既生。道在聖人。聖人既歿。道在六經。道在天地。微不可見。道在六經。空言無補。唯聖人在世。煥乎其有文章。上下與天地同流。斯之謂凝焉。非至德豈能然乎（中庸發揮）此言天地之道法。必待聖人。而後行之於世。聖人之道法。亦必待其人。而後行之於今也。

雖然。以彼天地之道之廣大無邊。而人猶欲彌綸化裁。加力變通之。則其於古人所遺之道法。亦不能只以繼承法效爲足也。無論矣。子張問十世可知也。子曰。殷因於夏。禮所損益可知也。周因於殷。禮所損益可知也。其或繼周者。雖百世可知也。顏淵問爲邦。子曰。行夏之時。乘殷之輅。服周之冕。樂則韶舞。放鄭聲。遠佞人。鄭聲淫。佞人殆。此皆言有時損益變通改制之不可已者。是乃吾人作爲經綸之進至於實際者。而亦所謂王道之大端。董子述之最詳。下章審之。

總之。吾人作爲生活之理想。於萬物中。唯繫之於天地。及古先聖王。賢人君子。欲繼承其道。而法傚之。又欲以其道。變通而補理之。以完成其自我。及自我所住世界而後已。是乃中庸所謂三重之道。尙書洪範所謂皇極王道者。實爲人道之極則。而其能推行此道。坦坦蕩蕩。使無澀滯否塞之患者。唯於至高至大。合理自由之生活。卽所謂誤道或率性之道見之。以下逐章分說此義。

第二章　王道

第一節　王道之規模——皇極與民極

人道之完行。在三才之道之完行。卽以天地及古先聖王賢人君子之道爲其道。

而欲更有所化裁彌綸也。中庸三重之道（三重之道。諸家解說不定。今從山鹿素行四書句讀大全之說。）曰。王天下有三重焉。其寡過矣乎。上焉者。（爲高過三重之道者）雖善無徵。無徵不信。不信民弗從。下焉者。雖善不尊。不尊不信。不信民弗從。故君子之道。本諸身。徵諸庶民。考諸三王而不繆。建諸天地而不悖。（王引之曰。建字當作達。說詳第三章第一節誠道本幹末條夾注。）質諸鬼神而無疑。百世以俟聖人而不惑。質諸鬼神而無疑。知天也。百世以俟聖人而不惑。知人也。是故君子動而世爲天下道。行而世爲天下法。言而世爲天下則。遠之則有望。近之則不厭。詩曰。在彼無惡。在此無射。庶幾夙夜。以永終譽。君子未有不如此而蚤有譽於天下者也。蓋言唯三才之道之完行。足以爲人道之極則。其冥想空言過高與俗學末伎卑陋者。俱不可從。而能行此三重之道者。惟於孔子見之。故結之曰。仲尼祖述堯舜。憲章文武。上律天時。下襲水土。祖述堯舜。憲章文武。卽考諸三王而不繆也。上律天時。下襲水土。卽建諸天地而不悖也。三重之道之要義。不出於此。其於人舉四聖。以代表古先聖王。其於天地舉律時襲水土。以具象而示其要。太田錦城曰。法天時。因地理。古人論禮之言也。禮記云。禮也者。合於天時。設於地財。喪服四制云。凡禮之大體。體天地。法四時。左傳昭公二十五年。子太叔曰。夫禮則天之明。因地之性。雖小有異同。其大要則一也。（中庸原解）素行之箸中朝事實。徵於我國體之特質。以及人物化育之道。意在襲水土。顧世之學者。高窮天人之玄際。明察宇宙之原理。而其道或不通行於國民實際之生活。是不下襲水土。不明辨特殊地性之過也。吉田松陰。乃紹明此義。以作興神州士氣。其言曰。離地而無人。離人而無事。故論人事者。必自地理始。（講孟劄記）亦知其教有所本也。周易晉卦彖傳曰。晉進也。明出地上。順而麗乎大明。柔進而上行。象傳曰。明出地上晉。君子以自昭明德。豫卦彖傳曰。天地以順動。故日月不過。而四時不忒。聖人以順動。則刑罰清而民服。豫之時義大矣哉。象傳曰。雷出地奮豫。先王以作樂崇德。殷薦之上帝。以配祖考。可見三重之道。皆錯綜而相成也。是故。三重之道。亦王道之謂也。王道者何。

王道者。儒學之對象。經綸天下。完成人生之達道也。故仁齋曰。聖人之學。包該宇宙。統攝道德。堯舜禹湯文武周公治天下之大經大法。而孔孟之所祖述憲章之者也。本無名稱之可擬。强欲命名。則以王道號之。或直稱儒學亦可。又曰。學問以王道爲本。孟子之說。卽孔子之學。皆堯舜文武治天下之道。外此豈有所謂學問者耶。蓋修己治人爲學之要。而皆由王道而出。夫聖人從天下上見道。故就天下之所同焉。不欲離乎天下。而獨善其身。故其學爲經世。其道爲達道。其教爲仁義忠信。其言曰。吾非斯人之徒與。而誰與。天下有道。丘不與易也。（童子問）

孟子曰。昔者禹抑洪水。而天下平。周公兼夷狄。驅猛獸。而百姓寧。孔子成春秋。而亂臣賊子懼。我亦欲正人心。息邪說。距詖行。放淫辭。以承三聖者。豈好辯哉。予不得已也。（滕文公下）又曰。詩亡。然後春秋作。其事則齊桓晉文。其文則史。孔子曰。其義則丘竊取之矣。（離婁下）按春秋義例。嚴具於五始。曰元年春王正月公卽位。董子述之曰。春秋之道。以元之深。正天之端。以天之端。正王之政。以王之政。正諸侯之位。五者俱正。而化大行。（春秋繁露二端篇）又曰。道王道也。孔子明得失。差貴賤。反王道之本。（王道篇）又曰。古之造文者。三畫而連其中。謂之王。三畫者。天地與人也。而連其中者。通其道也。取天地與人之中以爲貫。而參通之。非王者。孰能當是。（王道通三篇）說文曰。王。天下所歸往也。董仲舒曰。古之造文者。三畫而連其中。謂之王。三者天地人也。而參通之者王也。孔子曰。一貫三爲王。按王字之成體。非無異議。然董子之說。許氏既採之。且證以孔子言。則亦古先相傳之一義。

籍以爲解無妨也。董子又限定王之意義概念。曰。深察王號之大意。其中有五科（科爲事條）皇科。方科。匡科。黃科。往科。合此五科。以一言謂之王。王者皇也。王者方也。王者匡也。王者黃也。王者往也。是王意不普大皇。則道不能正直而方。道不能正直而方。則德不能匡運周徧。德不能匡運周徧。則美不能黃。美不能黃。則四方不能往。四方不能往。則不全於王。（深察名號篇）又曰。春秋之於世事也。善復古。譏易常。欲其法先王也。然而介一言曰。王者必改制。今所謂新王必改制者。非改其道。非變其理。今天大顯已。物襲所代。而率與同。則不顯不明。非天意。故必徙居。更稱號。改正朔。易服色。若夫大綱人倫道理政治教化習俗文藝。盡如故。亦何改哉。故王者有改制之名。無易道之實。按王道之精神大義。古今一貫無渝。而其運用施設。則不能不時有所損益。故白虎通三教篇曰。王者設三教者何。承衰救弊。欲民反正道也。三正之有失。故立三教。以相指受。夏人之王。教以忠。其失野。救野之失。莫如敬。殷人之王。教以敬。其失鬼。救鬼之失。莫如文。周人之王。教以文。其失薄。救薄之失。莫如忠。繼周尚黑。制與夏同。三者如順連環。周則復始。窮則反本。董子所謂改制者。其意亦如是耳。故其對策曰。道之大原出於天。天不變。道亦不變。

是以禹繼舜。舜繼堯。三聖相受。而守一道。亡救弊之政也。繼治世者。其道同。繼亂世者其道變。今漢繼大亂之後。若宜少損周之文。用夏之忠者。按清末康南海。著春秋董子學一書。力闡三統三世之說。附會何休一派異常可怪之說。又著改制大同諸書。專言改造國制之要。所謂常州公羊今文學派。自清中葉、莊（述祖存與）劉（逢祿）宋（翔鳳）魏（源）龔（自珍）戴（望）前後流傳。至王（闓運）廖（平）二氏。南海更承而擴之。其說遂橫溢一世。然固奇僻難從。朱鼎甫早已辨之。（有無邪堂答問）隨軒先生又斥而闢之。豈無故哉。（見其著孔子及孔子教一書）抑康氏輩身生國政頹敗之時。故其言多有爲而發。猶西漢諸儒。多爲漢制立言。苦心之迹。不無可諒。然其過者。則流入大同無國之世界主義。或陷溺共產無家之社會主義。比之俄國列寧（Lenin）過激一派殆有甚焉。流弊所極。遂至國事不可收拾。古人云學尙純正不詭。至今益信。

王道之規模。自上下二方面建立之。周易賁卦彖傳曰。觀乎天文。以察時變。觀乎人文。以化成天下。卽爲其大義。一則見於洪範皇極之道。一則見於周禮民極之道。

皇極之道。以天然爲本。乃從王道上面規畫其大體範疇。蓋洪範者。世界彝倫攸敘。儒道組織之最古者也。大禹曾據此以建設國家。經綸天下。傳至殷末。箕子以是傳之武王以爲周代建國之大本大經。孔子曰。禹吾無間然矣。菲飲食而致孝乎鬼神。惡衣服。而致美乎黻冕。卑宮室。而盡力乎溝洫。禹吾無間然矣。是足以想見其人格道德之高大也。亭林曰。洪範所謂彝倫者。天地人之常道。九疇皆在其中。不止孟子之言人倫而已。（日知錄）按後儒偏以人間倫理關係爲道德之全體。此未足以語洪範皇極之道。亦不足以知儒道之大規模也。洪範九疇。以其第五建用皇極爲中樞。其他八疇輔成而行之。八疇者。五行。（水。火。木。金。土。）五事。（貌。言。視。聽。思。）八政。（食。貨。祀。司空。司徒。司寇。賓。師。）五紀。（歲。月。日。星辰。曆數。）三德。（正直。剛克。柔克。）稽疑。（卜之五占。爲雨。霽。蒙。驛。克。筮卦之二衍忒。爲貞。悔。蒙霧也。驛雲氣絡繹也。克陰陽交錯相犯也。衍忒數演卦象變化之謂也。貞爲內卦。悔爲外卦。）庶徵。（雨。暘。燠。寒。風。休徵。咎徵。）五福六極。（五福。壽。富。康寧。攸好德。考終命。六極。凶短折。疾。憂。貧。惡。弱。）是也。五行八政五紀爲一般經濟政事生活之基調。五事三德。人性德性上之基調。稽疑庶徵五福六極。一般社會生活之徵驗。而其能統合此等基調徵驗。而推行其化裁彌綸之道者。是爲皇極大中至正之道。箕子解說之曰。皇建其有極。（皇一作王。君也。大也。建。立。有極。大標準也。）歛時五福。用敷錫厥庶民。惟時厥庶民。於汝極。（於取也。言取極於汝也。）錫汝保極。（使汝守極也。）凡厥庶民。有猷有爲有守。汝則念之。無偏無陂。遵王之義。無有作好。（好，私好也。）遵王之道。無有作惡。遵王之路。無偏無黨。王道蕩蕩。無黨無偏。王道平平。（平平，辨辨也。）無反無側。王道正直。會其有極。（會，臣民來會於此也。）歸其有極。曰皇極之（言推行王道，至其極也。）敷言。是彝是訓。於帝其順。（順於上天也。）凡厥庶民。極之敷言。是訓是行。以近天子之光。（光，德光也。）曰天子作民父母。以爲天下王。（節錄本文，若訓詁之詳，參考王氏孔傳參正。）

王道之推行。從其下面實地施設而觀之。則有所謂民極佐王之道。是以人事爲主者也。周禮天地四時之六官。其屬各六十。係周公所制定。經綸世界施行王道之機關也。故天官統宰第一曰。惟王建國。辨方正位。體國經野。設官分職。以爲民極。乃立天官冢宰。使帥其屬。而掌邦治。以佐王均邦國。地官司徒第二曰。惟王建國。辨方正位。體國經野。設官分職。以爲民極。乃立地官司徒。使帥其屬。而掌其邦教。安擾邦國。其餘春夏秋冬四官。亦皆如此。唯冬官今缺。不可復見耳。其云佐王也。均國也。安擾邦國也。皆欲用其所建立民生規範。以遍布王道。而作成理想上國家也。蓋周禮之爲書。雖不必無後世附託。然其總匯前代文化之結果。擷取先王道術之樞奧。以舉政教之大本。而示經綸之至軌。規模之宏。組織之詳。閎意眇恉。通關常變。斷非周公一人所臆定而手創。孫仲容所言。不我欺也。（參照孫詒讓周禮正義敍文。）

周禮六官之職掌法典。茲概述之曰。天官冢宰之屬。掌邦治。所謂治官是也。地官司徒之屬。掌邦教。所謂教官是也。春官宗伯之屬。掌邦禮。所謂禮官是也。夏官司馬之屬。掌邦政。所謂政官是也。秋官司寇之屬。掌邦刑。所謂刑官是也。冬官司空之屬。掌邦事。所謂事官是也。行邦治有治典。以經邦國。以治官府。以紀萬民。行邦教有教典。以安邦國。以教官府。以擾萬民。行邦禮。有禮典。以和邦國。以統百官。以諧萬民。行邦政有政典。以平邦國。以正百官。以均萬民。行邦刑。有刑典。以詰邦國。以刑百官。以糾萬民。行邦事。有事典。以富邦國。以任百官。以生萬民。六典皆天官大宰所掌也。若其行政之法。則大宰以八灋治官府。以八則治都鄙。以八柄詔王馭羣臣。以八統詔王馭萬民。以九職任萬民。以九賦歛財賄。以九式均節財用。以九貢致邦國之用。以九兩繫邦國之民。此其大略也。至其制度施設。與社會文化關係之詳。則有孫林二氏書。可以參考（孫氏有周禮政要。林博士書。曰周公與其時代。）茲不多贅。

周禮三百六十官。莫非施行王道之機關。而其專從事王道。指導之。輔翼之。宣揚之者。則爲師儒。其職與天子世子之傳相。內外相輔而行之。禮記文曰世子篇曰。凡三王教世子。必以禮樂。禮所以修外也。樂所以修內也。禮樂交錯於中。發形於外。是故其成也懌。恭敬而溫文。立太傅少傅以養之。欲知其父子君臣之道也。太傅審父子君臣之道示之。少傅奉世子以觀太傅之德行。而審喻之。太傅在前。少傅在後。入則有保。出則有師。是以教喻而德成也。師也者。教之以事。而喻諸德者也。保也者。愼其身以輔翼之。而歸諸道者也。記曰。虞夏商周有師保。有疑丞。設四輔三公。不必備。唯其人。孔氏正義曰。世子外有傅相。內有師保。是以於師教曉喻。其德業成就。四輔者。尙書大傳云。古者天子必有四鄰。前曰疑。後曰丞。左曰輔。右曰弼。伊藤東涯制度通曰。周三公。太師太傅太保。三孤。少師少傅少保。三孤又曰三少。三少與六卿。共謂之九卿。六卿六官之長也。三公九卿。亦謂之三槐九棘。按周禮師氏居虎門之左。司王朝。鄭氏注曰。虎門路寢門也。王日視朝於路寢。門外畫虎焉。以明勇猛於守宜也。司猶察也。察王之視朝。若有善道可行者。則當前以詔王。果然則師氏之職。不亦重乎。又凡祭祀賓客會同喪紀軍旅。王擧則師保二氏皆從之聽治。（鄭注謂。王擧於野外。以聽朝。）亦如之。賈氏疏曰。此以王所在。皆須詔王以美道故也。又師氏使其屬帥四夷之隸。各以其兵服。（謂旗布弓劍等也。）守王之門外。且蹕朝在野外。則守內外。保氏使其屬守王闈。（宮中巷門。）由是觀之。師保守在王門外內隨地隨事。指導輔翼。期無闕漏也。又師氏之教國子以國家得失之事。爲其材料。所爲掌國中失之事。以教國子弟。凡國之貴游子弟學焉者。鄭注曰。中中禮者也。失失禮者也。故書中爲得。杜子春云。當爲得。記君得失。若春秋是也。阮氏校勘記曰。九經古義云。三蒼。中得也。封禪書。康后與王不相中。周勃傳。勃子勝之尙公主。不相中。皆訓爲得。呂覽。禹爲司空。以通水潦。顏色黎黑。步不相過。竅氣不通。以中帝心。高誘云。中猶得。然則中失猶得失。故鄭用杜說而不改字也。毛詩小雅節南山篇曰。節彼南山。維石巖巖。赫赫師尹。民具爾瞻。憂心如惔。（毛傳。惔燔也。朱氏集傳。音談。）不敢戲談。尹氏大師。維周之氐。（傳。本也。集傳。音氐。）秉國之均。（傳。平也。）四方是維。（集傳。持也。）天子是毗。（鄭箋。輔也。）俾民不迷。不弔昊天。（弔。箋。猶善也。不善乎昊天。愬之也。）不宜空我師。（傳。窮也。箋。不宜此人居尊宮。困窮我之衆民也。）毛傳曰。大師。周之三公也。鄭箋曰。尹氏作大師之官。爲周之銍鎋。持國政之平。維制四方。上輔天子。下教化天下。使民無迷惑之憂。言至重也。十月之交篇曰。皇父卿士。番維司徒。家伯維宰。仲允善夫。棸子內史。（棸。集傳音鄒。）蹶維趣馬。（蹶音愧。趣馬。中士。掌王馬之政。楀維師氏。楀音矩。豔妻煽方處。傳。煽。熾也。集傳。方處。方居其所。未變徙也。小序。大夫刺幽王也。毛傳。豔妻褒姒也。鄭箋。皇父家伯仲允皆字。番棸蹶楀皆氏。厲王淫於色。按。鄭氏謂小序幽王。當作厲王。毛萇作詁訓傳時。移其篇第。因改之也。七子皆用后嬖寵方熾之時。並處位。言妻黨盛。女謁行之甚也。周南葛覃篇曰。言告師氏。傳。言我也。師。女師也。箋。我見教告於女師也。言告言歸。箋。教告我以適人之道。薄汙我私。薄。集傳。少也。汙。傳。煩也。箋。煩撋之用功深。集傳。煩撋之以去其汙。猶治亂而曰亂也。薄澣我衣。害澣害否。傳。害。何也。歸寧父母。傳。甯。安也。父母在則有時歸甯爾。集傳。謂問安也。毛傳曰。古者女師教以婦德婦言婦容婦功。按婦德婦容。禮記昏義篇有其文。又內則篇曰。異爲孺子室於宮中。異。特也。擇於諸母與可者。必求其寬裕慈惠溫良恭敬愼而寡言者。使爲子師。其次爲慈母。其次爲保母。皆居子室。孔氏正義曰。大夫以上具三母。士妻但食乳之而已。由是觀之。師氏所職。上自天子。下至諸侯卿大夫。其意一而已。且夫司徒之職。既言師儒之相聯而行本俗安民之道。大宰之治。亦言以九兩聯結君臣上下。而師儒俱在其中。詳已見上篇則師儒之職。在周禮一般行政系統之外。別占特殊之地位。此其所以俱能得扶翼王道於上。而宣揚之於下也。迨夫官師失守。政教分離。而猶有師儒之在民間。以其德行道術。指導人民。欲輔成王道者。遂得儒道儒術之稱。其所以能然者。亦因有此特殊性質故耳。然則今日儒道者。豈僅一二在官職者所行之道而已哉。曰王道者。亦豈唯一帝王自身所行之道而已哉。孔子曰。吾觀於鄉而後知王道之易易也。凡天下有道。道之所行。無非斯道也。松陰曰。七十里而王。百里而王。乃雖賤民。亦有王有霸。世道之衰也。求霸於天子諸侯。絕無而僅有焉。何況王乎。名教之敗也。求霸於士農工賈。絕無而僅有焉。何況王乎。（講孟劄記）蓋此之謂也。

第二節　王道之要義——盡性與遂生

王道之實行。義雖多端。而其要領。則略如下。

一則欲貫通三才。化裁而完成之。乃是儒道經綸之本質所在。

二則欲行生道。生道者。遂生之道。亦卽所謂仁道也。其承法於天。而欲完成於人者。卽基乎人類根本欲求。而欲滿其究竟之理想也。董子曰。王者。唯天之施。法其道而以出治。法其志而歸之於仁。仁之美者。在於天。天。仁也。天覆育萬物。既化而生之。有（又閒）養而成之。事功無已。終而復始。凡舉歸之以奉人。察於天之意。無窮極之仁也。天常以愛利爲意。以養長爲事。春秋冬夏。皆其用也。王者亦常以愛利天下爲意。以安樂一世爲事。好惡喜怒。皆其用也。(春秋繁露王道通三篇)仁道諸義。論孟二書所述審矣。錦城仁說三書素行語類聖學篇。網羅古來諸家。攷覈亦云盡矣。後儒解仁專以普遍空虛之理。而忘惻隱不忍親愛生育之實。非其義也。清末譚壯飛。箸仁學一書。唱極端之平等主義。此一家之私言。亦無足取仁之意義。(詳見第三章第二節內正與外正條。及第四節擴充分義條。)左傳文公七年。晉郤缺引夏書言於趙宣子。以六府三事。僞古文尚書大禹謨所載。據此六府。亦見尚書禹貢。水火木金土穀是也。三事。正德利用厚生是也。成公十六年。楚申叔時。對於子反所說。襄公二十八年。齊晏子對於子尾所說。亦皆略同。周語曰。先王之於民也。懋正其德。而厚其性。阜其財求。而利其器用。王念孫曰。性之言生也。(經義述聞)按。僞古文尚書君陳篇惟民生厚。因物有遷。僞孔傳以生爲自然之性。此本左傳而轉移其義者。如梅鷟考異所證。周易繫辭傳曰。利用安身。以崇德。又曰。天地設位。而易行乎其中矣。成性存存。道義之門。孔氏正義曰。易道在天地之中。能成萬物之性。使物生不失其性。存其萬物之存。使物得其存成也。物之開通。物之得宜。從此易道而來。故云道義之門。中庸曰。贊天地之化育。所謂利用厚生。存存化育。皆遂生之謂也。尚書盤庚篇曰。汝萬民乃不生生。

往哉生生。敢恭生生。自庸。朱彬曰。易大傳。生生之謂易。蓋取變化不窮之義。周官大宰。以生萬民、注生猶養也。與大傳天地之大德曰生義同。重言之則曰生生。莊子大宗師。生生者不生。釋文引崔譔注。常營其生爲生生。凡滋生謀生安生樂生遂生之類。皆可謂之生生矣。（經傳考證卷二）董子曰。王者欽欽不以議陰事。然後萬物遂生。而木可曲直也。（春秋繁露五行五事篇）又曰。若去其度制。使人人從其欲。快其意。以逐無窮。是大亂人倫而靡斯財用也。失文采所遂生之意矣。（度制篇）素行謫居童問乃摘出遂生二字以該一切生活完成之義。甚爲切當。今從之。

三則欲爲其自我及萬物行其盡性之道。說卦傳所謂窮理盡性以至於命是也。中庸曰。唯天下至誠。爲能盡其性。能盡其性。則能盡人之性。能盡人之性。則能盡物之性。能盡物之性。則可以贊天地之化育。可以贊天地之化育。則可以與天地參矣。孟子切言盡心養氣。氣性之要。董子言公孫尼子說性。與孟子相發明（循天之道篇）王充論衡本性篇曰。周人世碩以爲人性有善有惡。故世子作養書一篇。宓子賤漆雕開。公孫尼子之徒。亦論情性。與世子相出入。按周漢間爲養性之言者多。而大小荀子。力說最至（荀卿自有成書。其裔荀悅。別著中鑑。總之。所謂養性。及繫辭傳成性者。其大義所歸。皆與所謂盡性。略無差異。而盡性之盡字含有擴充發揮完成之意。表內部自我向上發展之義。尤覺有力。故中庸特言盡性。孟子亦言盡心。皆注重盡字。後儒解之者多以爲知見之事。非思孟本旨也。素行童問所說甚備。今亦從之。

王道（皇極）裁成三才

	盡性	遂生
夏書	正德	利用 厚生
洪範	五事 三德	五行 八政 等
繫辭傳	崇德	利用 安身
繫辭傳	成性	存在
說卦傳	窮理 盡性	至命
中庸	盡性	贊化 育
孟荀董等	養性 盡心	養生 遂生

洪範九疇。皇極爲王道中樞。其他八疇。則五事三德。是盡性之屬。五行八政五紀。

稽疑庶徵。五福六極。是遂生之屬也。

今就上所敍表示之如右。

遂生與盡性。爲王道之二大端。今先舉盡性。而後遂生者。蓋有說焉。孔子曰。志士仁人。無求生以害仁。有殺身以成仁。曰。朝聞道。夕死可矣。曰。篤性好學。守死善道。危邦不入。亂邦不居。天下有道則見。無道則隱。邦有道。貧且賤焉恥也。邦無道。富且貴焉恥也。孟子曰。生亦我所欲也。義亦我所欲也。二者不可得兼。舍生而取義者也。生亦我所欲。所欲有甚於生者。故不爲苟得也。死亦我所惡。所惡有甚於死者。故患有所不辟也。曰人之於身也。兼所愛。兼所愛。則兼所養也。無尺寸之膚不愛焉。則無尺寸之膚不養也。所以考其善不善者。豈有他哉。於己取之而已矣。體有貴賤。有小大。無以小害大。無以賤害貴。養其小者爲小人。養其大者爲大人。飲食之人。則人賤之矣。爲其養小以失大也。飲食之人。無有失也。（言不至失其理義仁義之良心也•）則口腹豈適爲尺寸之膚哉。蓋言生活之向上。人格之進修。先在養成其理義之心性也。又其說至大至剛浩然之氣。亦須以理義十分養成之。曰。是氣也。配義與道。無是餒也。是集義所生者。行有不慊於心則餒矣。

又曰。存其心。養其性。所以事天也。殀壽不貳。修身以俟之。所以立命也。又曰。盡其道而死者。正命也。桎梏死者。非正命也。夫說卦傳所謂窮理盡性以至於命者。與孟子所言、其意無異也。命者。韓康伯曰。生之極也。乃知命是遂生之極限。欲至於命。必以窮理盡性。窮理之窮。猶盡性之盡。言其生活力行中。推及理義。無不遍至。後儒解說。亦多偏於知見者。非是。胡五峯曰。惟仁者爲能盡性至命。釋氏見理而不窮理。見性而不盡性。（知言）晦庵曰。至誠盡人物之性者。非特曉得盡。亦是要處處盡其道。若凡所以養人教人之政。與夫利萬物之政。皆是也。盡心是就知上說。盡性是就行上說。（語類卷六十四）又曰。窮理是知字上說。盡性是仁字上說。言能造其極也。至於範圍天地。是至命。言與造化一般。（語類卷七十七）說盡性於行上仁字上則可。說盡心窮理於知字上則不可。故晦庵晚年更說之曰。某初間亦把做只是知得盡。如大學知致一般。未說及行。後來仔細看。如大學誠意字模樣。是真個恁地盡。如惡惡臭。如好好色。知致亦須兼誠意乃盡。如知得十分真切。自家須著過二十分心力實去恁地做。便是盡。如云盡心力爲之。（語類卷六十末句孟子語）按盡者。用盡也。推盡也。梁惠王曰。寡人之於國也。盡心焉耳矣。河內凶則移其民於河東。移其粟於河內。河東凶亦然。察鄰國之政。無如寡人之用心者。孟子曰。一羽之不舉。爲不用力焉。百姓之不見保。爲不用恩焉。舉斯心。加諸彼而已。善推其所爲而已矣。又曰。親喪固所自盡也。又曰。盡其心者。知其性也。皆言實際用盡心力於事物也。（參照第五章第四節第一段事親親民條）窮亦推盡極盡之義。孟子曰。去則窮日之力而後宿哉。是在實行推及上言之也。素行曰。自然與當然相因。而聖人之道立焉。天作與人作相依。而萬物能盡其性。而遂其生焉。聖人者。盡天作之實。而立人作之至善者也。故其教道必使萬物各盡其性。此之謂建極也。譬如五穀自生。是天作也。農人播種耕耨。使之生長收藏。是人作也。此乃聖人贊天地化育之道也。夫花木各有其材質性分。必待一定制法。而始十分開發其材質性分。以顯其精。人之盡性。亦猶是耳。使人物各盡其性。遂其用。以全其材德。而各得其所。此乃贊天地化育之聖人。而可與天地參立。稱爲三才者也。（讀居間章）蓋遂生者。完成生活。至於極限之謂。雖由盡性始達之。不盡其性。而能遂其生。無此理也。故王道之所尚。先在盡性。盡性之道。先在自盡其自我之性。以及世界人物之全體。果能使其自我與世界盡其性。而無遺憾。則遂生之道。自在其中矣。故王道之完成。要在合自他內外。共盡其性。而遂其生。合自他內外。非誠道不可。故盡性遂生之道。必待誠道始達之。誠道者何。次章分析述之。

第三章　誠道

第一節　誠道本幹

王道之要義。唯於盡性遂生之道見之。盡性遂生之道。唯由誠道行之。故王道之完成。舍誠道而他求之不可得也。中庸曰。唯天下至誠。爲能盡其性。能盡其性。則能盡人之性。能盡人之性。則能盡物之性。能盡物之性。則可以贊天地之化育。可以贊天地之化育。則可以與天地參矣。又曰。唯天下至誠。爲能經綸天下之大經。立天下之大本。知天下之化育。夫焉有所倚。肫肫其仁。淵淵其淵。浩浩其天。苟不因聰明聖知達天德者。其孰能知之。蓋王道之本。在先盡其人自我之性。而完成之。以及世界人物。其方途則唯在其人先成得此誠道而已。故王道之實行。必以誠道之通達爲尙。中庸一書。論之最浩博深遠。眞羣經之統會樞要。（朱氏經義考引黎立武語）儒術之通衡輨轄也。毛西河大學證文。引馮益齋言曰。大學首誠意。中庸首誠身。誠意而歸於至善。誠身而進於至誠。故堯本欽明。文秉抑畏。易言閑邪而存誠。禮首稱儼若而無不敬。千聖百王。未有不始於誠者也。按。是書後半專說誠道。故宋王柏疑此下非中庸。別當爲一篇。謂之誠明書。徂徠駁之曰。是不知讀書者。不可從矣。（中庸解）蓋中庸之道。卽在至誠之道。故書中所說。錯綜聯關。亦無可怪也。仁齋以其中說及鬼神。故斥之以爲非聖人書。拘陋之見。與王柏同。然其論誠也。乃曰。中庸言誠。而論語不言誠。何也。曰。夫子之時。周室雖衰。先王之遺化尙在。旣謂之仁。謂之禮。則不言誠。而誠自在其中矣。故其言及誠者。唯有告哀公一語耳。爾後聖遠道湮。實喪僞滋。故不先立之誠。則仁非其仁。義非其義。所以後儒屢言誠孟子亦然。蓋因時致然。非有二端也。又解至誠經綸一章。則曰。大經者。五品之人倫也。言聖人之德。至誠無妄。故於人倫之道。各盡其極。而可以爲天下萬世之法。所謂經綸者此也。立大本者。修身以爲天下之表準也。知猶主也。知化育者。裁成輔相天地之道也。此皆非有所倚著於物而然。至誠之德。自然功用。不可以力企及也。（中庸發揮）可謂猶能不先其要者矣。至素行。則有進焉。曰。篤實無虛僞之謂誠。而是誠之一端也。至於至誠。則是不得已之道。天地之所以爲天地。人物之所以爲人物也。聖人體此至誠。而分萬物之道。以定其禮。故能達至誠者。無所不通。所謂中庸之中。亦與此無異也。後儒於誠字。立種種工夫。務欲深長其意味。亦徒弄心性之學。非得至誠之實也。我能知其心性之所以爲心性。乃率其心性。以盡得人道。此之謂盡性。既能盡我之心性。則能立道行禮。無不通達。故又能使天下人物。盡其性。遂其用。全其材德。而各得其所。如此者。唯由至誠不得已之道而來。非矯飾虛僞之所能致也。（謫居童問）

夫誠云者。孟子趙氏注曰。實也。是乃真實无妄。合理無矛盾之謂也。凡事物實有實在之形相。一而不貳之理致也。天地萬物。生生不息之道。在乎此也。中庸曰。誠者物之終始。不誠無物。故君子誠之爲貴。又曰。天地之道。可一言而盡也。其爲物不貳。則其生物不測。案大學言誠意。中庸言誠身。言誠性者。蓋大學分說誠意正心修身三事。而中庸則合而言之耳。身也。性也。意也。皆物也。故其言誠者。其中必常含有此等所誠之物。乃使此等物爲誠。爲實存實在。而不爲他物。此誠之所以爲誠之道也。故既有誠道行。果能使此等物。自得其誠。則此等物。始得成爲此等物。實存實在。不爲不虛也。故誠云者。一而不貳之謂也。說苑反質篇曰。誠者一也。是也。誠道云者。使事物實自誠爲其自體之道也。故中庸曰。誠者自成也。荀子不苟篇曰。不誠則不獨。是也。凡天下一切事物。必先自能成其誠道。而始自能成立其獨立統一之自體。而實在於天下。故凡一切事物之實在與否。徹頭徹尾。唯視其得誠與否而決之。晦庵所謂有一尺。誠便有一尺物。有一寸誠。便有一寸物者。是也。（語類六十四）若其一旦間斷而不誠。則其自體之獨立獨存。自致條然解體消滅矣。所謂誠者物之終始。不誠無物者。此之謂也。說文曰。成就也。從戊丁聽。周語曰。成德之終也。毛詩鄭箋曰。成備也。竹山翁曰。成字从戊从丁。丁亦聲。戊之效驗也。（漢字詳解）案戌者。說文威也。九月陽氣微。萬物畢成。陽下入地也。五行。土生於戊。盛於戌。從戊一。一亦聲。戊者禮記月令鄭氏注。茂也。萬物皆枝葉茂盛。是戊字亦有成就一實之義也。子曰。觚不觚。觚哉觚哉。子貢問政。子曰。足食足兵。民信之矣。必不得已而去。則去食去兵。自古皆有死。民無信不立。案信卽誠也。說文曰。誠信也。从言從成。成亦聲。立卽獨立也。成立也。自體存立也。聖德太子十七條憲法曰。信是義本。君臣共信。何事不成。君臣無信。萬事悉敗。亦此之謂也。（或解此條信字。專爲君臣信仰佛教之事。則屬牽強附會。不足取。）周易家人彖傳曰。父父子子。兄兄弟弟。夫夫婦婦。而家道正。正家而天下定矣。正家者。使家誠爲家之謂也。天下定者。亦天下正定成立。實爲天下之謂也。齊景公問政。孔子對曰。君君臣臣。父父子子。其義亦同。說文曰正是也从一。一以止。左傳襄公七年曰。正直爲正。周語曰正德之道也。管子法法篇曰。正者所以正定萬物之命也。案。是字與寔實二字古通用。爾雅釋詁曰。寔是也。公羊桓六年傳曰。寔來者何。猶曰是人來也。禮大學曰實能容之。今本作寔。朱允倩曰。寔字亦作實。是眞雙聲。總之。正字亦有一實定立之義。是故。夫誠者能使一切事事物物。實爲事事物物之道與德也。吾人人格成立實在之根本原理原則也。天下物格成立實在之根本原理原則也。亦卽一切宇宙事物。實能成得獨立自由正義之大本源也。今有人焉。其身既已自能致誠者。則不獨其身自能成立其自我而已。又必能使他物爲他物。以其自我與世界萬物爲一體共歸於一誠之中。唯此一誠可以同蔽世界萬物。大公至正。共通平等。以使萬物各自能成其獨立自由之生活。而無難。此所以誠之一道。能完行夫王道之大。而無遺憾也。中庸所謂誠者非自成己而已。并所以成物也。合外內之道者。卽是此義。大戴禮文王官人篇曰。終始相悖。外內不合。非誠質者也。子曰。主忠信。子張問政。子曰。居之無倦。行之以忠。忠亦誠也。不誠無政。復何言王道哉。不誠無物。復何言合自我與世界萬物之道哉。唯其能自誠者。始實有其自我。實有其自我。而後能使萬物實有。故自我之實有。所以致萬物之實有。自我與萬物。一而不貳。何有內外之別。故孟子曰。萬物皆備於我矣（此矣字。推想將然之辭。非決定已然之辭。下莫字同。）反身而誠。樂莫大焉。此所謂我者。卽實在之自我。就一身能成得其誠者言之。後儒徒以本然之理性擬之。是空疏之見。偏執之說。不可從也。蓋世界萬物。攝於天地。天地攝於太極。故人一身。果能自致其誠。使萬物與我一體。無復內外之別者。其自我中必攝有萬物。與此同流同行。而自成一太極。則其自我卽萬物。萬物卽自我。一而不貳。始可言萬物之備於我矣。道德果能如是高大。內聖外王。蟠天際地。其一舉一動。自與世界萬物。直接聯關。可以建用皇極。通行王道。而無所礙窒矣。

誠道之本質。已如上述矣。而其發生與完成之過程。猶一般人道然。不可不別求之於人類自然之本性。及其所追求當然之理想。是則誠道者。亦可謂本於天。而成於人者也。但此誠道之進行。可以決定第二次理想上之實在。比諸第一次素朴認識思惟上實在之指示。更得一層確實。（參照第一章人道與天道）中庸曰。誠者自成也。而道自道也。性之德也。蓋吾人所行誠道。其所以生起之本原。唯在吾人自己所享於天之性能。是卽吾人現實上自我本有之欲求活動使其自然作爲經綸。必欲以其現實上自我。實成爲其理想上當然應有之完善之自我。而後已。若能實現此理想上完善之自我者。是吾人自我之完成。而得其實在者。乃誠道之完行者也。吾人作爲活動。必追求此理想上自我。不能已者。卽誠道之所以生起發展。亦吾人現實上本有自然之天性使然也。故誠道者。徹上徹下。唯可行於自然之天性。與當然之理想之間者也。不誠無物者。猶云下不由天性。上不從理想。卽不可求得實在自我也。是故自我之實在。必繫之於天性。與理想。中庸所謂豫想前定之道。能成立事物者。亦不外乎此也。然理想者。亦人類自然欲求之所起發也。雖爲天性所本。但不可謂理想卽爲天性。故自我之生成。其本末終始。不可不分別觀之也。今所謂人之天性者。固本乎天。在天則指其理氣之性情言之。在人則指其理性及情意感性一切意識上性情。成其自我內容者言之。此等人類性情。因自備有認識作爲。欲求活動之性能也。於是其中自有成性之欲求起。而欲使其現實自我之形相內容。必合其理想。以致完成而後已。所謂理想者。其內容之複雜。

雖與現實自我相似。其形相。要由理性構成之。而自能理治其複雜之內容。使其得成合理無矛盾之統體。所謂理想上自我者是也。如欲必以此理想上自我。向下而實現於現實自我上。則必使其現實自我之內容。亦能向上而致合理無矛盾。與理想上自我無異。而後可達其目的。（參照第三篇第二章作爲經綸之本質）換言之。必使其情意活動。歸於理性之統治。以致其自我內容全體之誠正完成而後可。是故其情意之旣致誠者。其欲求活動。作爲經綸。必與理性協同作用。以合於其理想。故誠云者。實理之謂也。完全合理之知識也。誠者云者。情意欲求作爲活動之能致合理完成者也。誠云者自我作爲完成統體之形相理致也。誠者云者自我成立之形相理致。兼其作爲成體之內容本質。而言之也。學庸必言誠意。言誠身。又言誠性者。皆幷舉此形相與本質兩方面而見之也。形相可以知識髣髴模樣而諦認之。而本質則不可。蓋本質者。德人康德氏 Immanuel Kant, 1724-1804 所謂事物自體 Dinge an sich 是也。（世人多專舉單數之 Dinge 而不顧復數之 Dinge 非知康德本旨者。蓋因尋常所謂學者之學。其世界觀。多偏著普遍之本體。未嘗於特殊事物。身經體察。故徒道聽塗說。意邈空漠。不堪玩索。往往此類也。參考巽軒先生論文。題曰現象與實在。載在哲學雜誌第四百四十三號。又桑木博士論文。題曰康德物自體。載在哲學雜誌第四百四十八號。但其譯語。巽軒先生用物如二字。桑木氏

（用物自體三字。而世上一般通用物其自身四字。屬區區有不同。今定作事物自體。似較穩當。）康德謂。事物自體者。不能以純粹理性知之。因吾人認識之力。唯限於形相故也。於是夏考白氏 Friedrich Jocobi, 1743-1819 補說之曰。事物自體者。唯感情能直覺之。非希特氏 Johan Gottlieb Fichte, 1762-1814 則曰。事物自體者。唯在自我之活動見之。終歸於主觀之自我自體。卽自我之觀念是也。至叔本華氏 Arthur Schopenhauer, 1789-1860 則曰。事物自體者。意志是也。（參考文特爾彭氏哲學史）今平心而觀諸家之說。皆執偏見。失其正鵠。夫學庸所謂誠意誠身誠性者。誠則言其意身性所以能實在存立之理致也。意身定則各言其誠所使實在存立之本質也。故誠意之意。事物自體也。誠身之身。亦事物自體也。誠性之性。亦事物自體也。雖然事物自體者。非唯單純意志之謂。如叔氏所說也。必唯誠意之意。而始可以言實在存立。可以言事物自體耳。若去誠字。而獨求唯意之實在存立。不可得也。蓋意志者。亦性情之一種。而實成其中核。不可不重視之也。故叔氏謂。世界一切事物。不過爲一意志之表象。其尊意志也至矣。然惟單純意志。則失理性之統治。徒事盲目活動。其所作爲。必不免自爲矛盾衝突。而陷於自體之解散。大學曰。心不在焉。視而不見。聽而不聞。食而不知其味。晦庵曰。不誠則心不在焉。視不見。聽不聞。是雖謂之無耳目可也。（語類卷六十四）子曰。諦自既灌而往者。吾不欲觀之矣。晦庵曰。禘自既灌而往。誠意一散。雖有升降威儀。已非所以爲祭祀之事物。如不祭一般。（亦見語類卷六十四）論語曰。祭如在。如神在。子曰。吾不與祭。如不祭。朱注引范氏（祖禹）曰。有其誠則有其神。無其誠則無其神。誠爲實。禮爲虛也。可見不誠無物。意亦云然。於是叔氏復力矯其弊曰。究竟之安心滿足。唯在拒斥意志。歸於靜寂之涅槃。遂乃至推獎人之自殺而止。過重意志。而反致輕之謬哉。无妄九五象傳曰。无妄之藥。不可試也。言將因藥生疾致死。其殆叔氏之謂歟。（佛典亦言菩薩執空之病。心地觀經曰。無病服藥。藥還成病。空治有病。無藥治空。）輓近又有尼采者。Friedrich Nietzsche, 1844—1900 推演叔氏意。更趨極端。竟謂唯强力之意志。乃足以完成個人之自我。於是舉世之好奇者。均歡迎其所謂自然超人之說。權勢求勝之主義。營營孳孳。唯霸道是講。德國哲學之偏僻流弊。至是極焉。而其國亦因之致暴動而衰頹矣。夏考白以唯一感情。爲事物自體。是其偏見與叔氏無擇。唯菲希特之舉自我之活動爲說。較長於諸家耳。蓋事物自體之爲何物。其可徵之者。唯於事物自體之自覺得之。而吾人自我之活動。

亦不外於事物自體之活動。則事物自體之爲何物。卽可於吾人自我自體活動之自覺見之也。然菲氏必謂自我之觀念卽爲自我自體。乃欲專依認識上方途論理上形式。以證明其自我自體之存立。（見其知識學序論）則亦未能脫出近世歐陸純理學派傳統之窠臼。偏重理智之弊。其不可救也如此。且菲氏偏重主觀觀念置客觀自然世界於度外。而不顧。尤非所以合外內至誠之道。於是謝林氏 Friedrich Shelling, 1775–1854 一派學者。始組織所謂同一哲學 Identität-philosophie 以自然與精神兩者。視爲同一絕對者之二面。以欲救菲氏之偏見。然其說絕對者之爲何物。則猶有未盡者。至黑格兒氏 George Hegel, 1700–1831 出。乃以此絕對者爲單純理性之觀念。謂自我與世界。俱不過爲理性觀念之顯現發展。遂以唯一論理上之法則。視爲一切人物活動成立之法則。終使其說不可通行實際生活。此皆主知主觀念之學。永久不可擺脫之弊竇也。夫事物自體者。凡宇宙萬物理氣性情全體之實在者是也。（參照第一章理氣條）理氣性情全體。自能致其誠。而得統理獨立者是也。其能自覺此實在獨立之自體者。亦唯可於吾人自我全體活動統成之中。自能體得之。而決定其自體之確實存立也。（參考西田博士）

著書・一曰思索與體驗・一曰自覺上之直觀與反省・但此境域。亦唯實能進在其中者。始能自得之。故中庸必言誠身言誠性者。亦欲其自我性情全體自能進修統理活動不息而得其實在存立也。大學之特言誠意者。只因意志爲人格活動之中樞。自我獨立之中核。故耳。凡偏重理智專言觀念或概念者。徒摸捉事物之形相理致。而失其內容實質。王陽明致良知之說亦拘拘於致知之知字。與誠意之誠字。而遺致字與意字之要義。明末已有指摘此缺陷者・如劉蕺山是・參考明儒學案卷六十二・祖述孟子。唯尊良知。而不顧良能。故雖設知行合一。事上鍊磨之工夫。以濟實地之用。又因其爲人精力絕倫。以能遂行偉業。然於其思想之根本。固已自相矛盾矣。至其門流。則或墮於偏枯。或失於矯激。率多揣摩摸索。未得中道。凡此皆宋元以來性理學家之通弊也。

顧菲希特氏以後。至輓近文特爾彭。見上列該爾德(Rickert)諸氏。所謂價值哲學一派之徒。則專認自我自體(Ich an sich)之意識。而不別認事物自體(Dinge an sich)之實在。又專認主觀上對象理想上規範。而不認客觀上對象自然界之理法。參考菲氏書知識學序論・列氏書認識之對象・夫所謂自我自體者。與事物自體。二而一。一而二者也。蓋二者同屬理氣性情所成。其本質固爲同一。（參照第一章理氣性情條）則能認得自我自體者。卽能認得事物自體者。譬如孟子所謂知其性則知天是也。（繫辭傳亦曰。復☷☳自知也。彖傳曰。復其見天地之心乎。）而事物自體。唯可依自我自體而認之。不可離自我自體而認之。則二者二而一也。然而二者相對上之獨立存在。亦不可不認之也。周易雜卦傳曰。臨觀之義。或與或求。此言是一卦體䷒中。可以分立上下臨觀（地澤臨風地觀）相對之兩義。（古來學周易者。率視雜卦傳以爲疣贅。皆因未達聖學第一義諦耳。）繫辭傳所謂因貳以濟民行者。亦此之謂也。今彼菲氏。唯認自我之存在。不認非我之存在。如是恐至其自我之存在。亦不能認之也。但菲氏所謂絕對自我者。似獨立存在。而其實所謂絕對者不可以尋常自我之名命之也。蓋唯有自我。故有非我。自我與非我相對而存。唯有此相對而存者。故有絕對。不相對者存焉。絕對者亦竟不能離相對而獨存也。故絕對者。既非自我。亦非非我。然亦非全離於自我與非我而獨存者。乃包攝自我無非我二者而統合之以歸一原之實體。卽易所謂太極是也。太極雖非兩儀。非三才萬物。然亦不可全離兩儀三才萬物。而孤懸獨存焉。既審此義。則非我之與自我。可相對而立也。亦明矣。列該爾德氏謂。認識之對象。不在實在。而在應當（一作當然。又作合當。誤當）

Sollen（或譯作當爲。又作不許不。皆不穩當。）之判斷規範。蓋一切知識。唯由此判斷規範而生。此判斷規範。在理想上價值定立之。其能定立此判斷規範者。亦唯在吾人活動作爲之中而已。列氏據此主觀理想上實在之對象。蔑視客觀自然上實在之對象。以爲單純認識上自然之理法。不足言實在之認識。眞正之知識也。案列氏言吾人實在之認識眞正之知識。必待於理想上規範作爲之活動者。其意甚善。而其言認識之對象。唯在應當之判斷規範。而不在實在（即事物自體）者。則恐馳末忘本。不免偏見也。何則所謂應當之判斷規範。亦唯由吾人理想。始可得定立之。理想者。非空虛之想像。又非形式上命令之類。必須以實際世界之知識。客觀上對象。爲其基礎材料。而構成一種有內容之想像者也。此實際世界之知識。客觀上對象。亦必須先以夫自然世界如是之形相理致。認識之。思惟之。而後得之。其至極者。即爲自然世界如是實在之知識。此乃所謂第一次單純認識思惟上之實在（參照第一章太極條）。與吾人所求理想規範。因無直接緊要之關係者也。康德氏雖早已以一切認識。歸於自我之主觀。以自然界統一之境域。視爲自我主觀之所生。以證知識之確立。然猶未至連關於理想。而認定其實在。故亦不過徒否定一切實在。以爲唯可思惟。而不可認識者。乃以此全排去於知識範圍之外。非列諸氏論說。蓋有所本也。雖然。此種知識上論說。豈足以滿吾人究竟之欲求哉。吾人人格之活動。至無已也。決不能以如上所舉單純知性上認識思惟。自致滿足。又必欲獲得一層完善之世界。於是乎有所謂作爲經綸之活動起焉。此活動乃先依其知性與感性所齎基礎材料。構成其完善之理想。據此理想。以定立夫應當之規範。而決擇至完至善之事物。認定究竟之實在。而確立之。是故究竟實在之認定確立。必待於吾人意識活動之第二次覆檢。而後得之。非素朴認識單純思惟作用之所能及也。雖然。此覆檢之功。若非先待於第一次單純素朴之知識。則其覆檢之標準。理想之內容。不特不能具有妥當之材料。將恐陷於混茫之空觀。徒得形式上法則。不復存其實體而已。此其所以專依純粹主觀論理上認識。而遺失客觀上之事物自體。乃主張對象之認識。而排斥認識之對象。（列氏說如是）終欲廢棄第一次單純客觀之知識於不顧也。可謂偏矣。凡事豫則立。不豫則廢。（中庸）夫世界一切事物之成立。必須本末內外。互相豫想前定。而後得之。（參照第四節誠身明善條）故豫道之義。於康德氏實踐理性批判論。亦略見端倪。但其所舉限於不死神自由等形而上究竟絕對之豫想。Postulat 未及中庸書所言之廣大精微。中庸豫道之至者。誠者也。誠者天之道。自成自道。其爲物不貳。成己成物。合外內之道也。（參照下文及第二節智義條）能使自我與外物主觀與客觀理想與現實皆歸於一者也。不誠則無物。卽不能合外內使之歸一。舉皆虛妄。何可言之有。（參考意國亞聊他氏 Aliotta 著書科學上唯心論之反動 The idealistic re-action against science, 1912）

誠道始終本末之過程。前已略述之。今更宜就其內外依倚之法式。再加考察焉。夫人之天性。既能致誠正者。其真實自我之本質活動不息。必自能顯現於外部世界。成爲善言善行。而不可掩。故中庸曰。自誠明謂之性。此誠字明字。其下各宜添一者字看。否則恐墮於抽象純理之空觀。如明代禪家諸解然。（卽如藕益四書解。道之小參問答。德清中庸直指。等類皆是。）蓋使人爲誠人。由誠人爲明善之人者。唯其人所具性情活動之所能使然。故曰謂之性。非別有高遠深奧幽眇不測之義也。又非專指聖人性格。如漢宋諸儒所言也。荀子不苟篇曰。不誠則不獨。不獨則不形。蓋言唯由誠道。得其自我之獨立統體者。始能以其自我之性情。顯現於外部世界。行住坐臥。自成爲善言善行。而不可掩也。雖然。誠道者。非唯由內部自我性能生起發顯而已。且由外部人爲修治之力。而進步發展不已焉。故吾人自我發展完成之道。有待於外部教化修爲之力者固矣。中庸曰。自明誠謂之教。蓋明也者。卽明善之謂。故中庸孟子皆曰。不明乎善。不誠乎身。明善者。言務以善言善行。明示之世間實際。而踐行之。後儒鄭朱等注家。皆以明善爲知善。亦偏重知解之見。獨徂徠乃曰。措諸行事。粲然可見也。中庸解 卓然特識。匪夷所思。其所謂東方夷人者。不過自謙之語耳。孔氏正義曰。誠身有道。不明乎善。不誠乎身矣者。言欲行至誠於身。先須有道。明乎善行。若不明乎善行。則不能至誠乎身矣。案孔氏以善爲善行。此蓋徂徠所本也。然至明字之義。則未免含糊不靈。必待徂徠而後炳乎活躍如是矣。要之。此由外部修爲。成得內部眞實自我自體之道。是乃所謂教化之事。與彼由內部自我性能所生起發顯之道。外內相須。徹表徹裏。以成一種合同之法式。使誠道進行發展。又使自我與其所住世界。俱由現實進於理想。化裁彌綸。得盡性遂生而至於完善也。

誠道之進展。既有本末過程。內外依倚之關係。必待天性與理想。始終相因。性能與教化。依倚合同。而後能致自我及世界萬物之完成。然則誠道之進展完行王道之通達成就。必有待於吾人理想之向上。與教化之發達也。可知。而其能使吾人理想向上。教化發達者。亦除推行此誠道外。別無他術。何也。蓋吾人完善作爲生活之理想。雖可層層向上無窮。然必須唯在誠實者求之。以此誠實之理想實現於現實自我。及世界上。換言之。必須使其理想上誠者。誠於眼前地上人間而已。但此種理想上誠者果何在耶。吾人仰觀俯察。凡作爲活動之廣大完善。罔無若天道運行之誠實不愆也。孔子曰。天何言哉。四時行焉。百物生焉。周易觀卦象傳曰。觀天之神道。四時不忒。中庸曰。天地之道。可一言而盡。其爲物不貳。則其生物不測。此皆足以見天地作爲之道。誠實不忒之要略矣。於是吾人作爲生活。終以此天道之誠者爲其理想。而欲實現於人間地上。乃爲之努力推行。精進不已。此實中庸豫道之至。而誠道之所以爲誠道。亦人道之所以致其完成。素行所謂盡天作之實。而立人作之至善者。是也。（參照第二章）故中庸曰。誠者天之道也。誠之者人之道也。誠者天之道。是吾人所豫想前定理想上之物。吾身所未實有者也。誠之也者。吾人使天道之誠者。實現於現實之自我。及世界上。而措諸實際言行活動中也。苟欲得人道之完成者。必當如是作爲行動。若然則吾人生活活動。當行之根本規範。於是定立焉。故孟子亦曰。誠者天之道也。思誠者人之道也。案。思者思求也。欲求也。企求也。思慕努力。追求不已。必欲交參而實得之。契合而爲一體。非單純認識知覺理會思考之謂也。孟子所謂文王望道而未之見。周公思兼三王。以施四事。其有不合。仰而思之。夜以繼日。又所謂孔子豈不欲中道哉。不可必得。故思其次者。亦卽此義。言以天道之誠者。豫想而前定之。以爲自我作爲當然之理想。將欲與此合一。同行不已。乃爲之努力。向上參求。向下實現。措諸行事。明善不倦。其中所定立之規範。是爲吾人現實生活一般當行之人道也。孟子思字。與中庸誠之二字。互相照映。以發明其欲實現理想努力精進之義。妙不可言。而後儒註解。無一得其切當者。豈古人語簡難通使然耶。抑亦後人思索力之衰頹所致也。思孟之後。說理之家。世推宋明諸儒爲優。晦庵傑出其間。統攝前此諸家。經營慘澹。遂於斯學之形而上見地。開拓一新生面。厥功偉矣。而其弊也。好爲道統之論。褊執意見。以張門戶。專務回護助長。而無所批判匡救。其集注孟子書。末附伊川所撰其兄明道墓誌。以結之曰。周公沒。聖人之道不行。孟軻死。聖人之學不傳。道不行。百世無善治。學不傳。千載無真儒。無善治。士猶得以明夫善治之道。以淑諸人。以傳諸後。無真儒。則天下貿貿焉。莫知所之。人欲肆而天理滅矣。先生生乎千四百年之後。得不傳之學於遺經。以興起斯文爲己任。辨異端。闢邪說。使聖人道。煥然復明於世。蓋自孟子之後一人而已。案。思孟之學。淵博無涯。故其言性言誠。有概說一般現實上理氣性情者。有主說其理致形相者。又有暗指理想上本質爲說者。臨時成義。語各有當。不必如程朱輩。專以一理性拘囚之也。晦庵注中庸曰。誠者誠實无妄之謂。天理之本然也。誠之者。崔東壁遺書。孟子事實錄餘說曰。誠之者。以誠爲用字。以欠醇古。不若孟子作思誠之妥適。是卽中庸疑孟子之明證。案夫。急於事實之證明。而忽於文義之理會。是考據家之通弊。博識如東壁亦不免也。未能真實无妄。而欲其真實无妄之謂。人事之當然也。本然當然之別。辨得自明矣。其必截天理人事。以爲不相容之二元。遂至言絕無人欲之私。而純歸天理之公。以成明道之說。殊失先聖所傳天人同原合一之深旨。此種支離之見地。已不及董子之精。卽無以盡思孟之微。傳統云乎哉。參照第一章三才條。及第三章第四節第三段禮樂條天理人欲夾注。陸象山曰。天理人欲之言。亦自不是至論。若天是理。人是欲。則是天人不同矣。此其原蓋出於老氏。又曰。書云。人心惟危。道心惟微。解者多指人心爲人欲。道心爲天理。此說非是。心一也。人安有二心。莊子云。眇乎小哉。以屬諸人。謷乎大哉。獨遊於天。又云。天道之與人道也。相遠矣。是分明裂天人而爲二也。語錄案。象山於天人之關係。不無所見。然至其心卽理之說。則猶未足以盡夫天人合一之義。斯爲憾耳。晦庵又注孟子曰。誠者理之在我者。皆實而無僞。天道之本然也。思誠者欲此理之在我者。皆實而無僞。人道之當然也。所言似得明晰。而實則空揭虛構之形式。而遺充實有力之內容。其於實際世界。人道之實地踐行。非矯揉至極。必絕少影響。所以然者。因僅見及吾人現實上自我所具有。本然天然自然之理性。未至吾人所豫想前定向上參求。當然之理想上自我本質。故不能審辨自然與當然現實與理想。所以互相同異分合之故。而其故而其强求之解也。勢不免偏執理性之知覺思惟。而忽略情意之欲求活動。終至悖於先聖所遺。人格全體活動作爲。生成不息之道。而陷於其復性寂靜之主義。而不自覺也。雖然此種過失。豈獨程朱輩爲然哉。凡依據素朴實在論。偏重理智。好談哲學之徒。東西古今。其揆一也。眞儒不出。誠道不明。天人物我理氣性情。上下隔絕。外內不合。精義堙晦。千古瞢瞢。可爲浩歎已。

世人動稱宋儒學說受佛教影響之大。然是亦多屬揣摩臆測之談。非詳盡其眞相者也。夫濂溪明道之學行。有負於當時所流行禪學之功夫。誰不之知。（有通書・有遺書・可見・）至於伊川晦庵以下。則其急於排佛也。不復遑於其教理之深究。一概措諸不問。傳云。晦庵早歲游學時。篋底藏有一部大惠書。其於佛學。亦不過如是云爾。既缺其功夫。更不復爲之究明。何足語其精奧哉。故其注經傳。雖有一二言辭。借自佛書。如所謂事理理欲之辨。然其取義也。僅止於天臺三藏通別。華嚴小（小乘）始終（大乘始教終教）頓。諸教之間。俯仰遲留。闇中摸索。未得超至圓教。事事無礙。相卽相入之境地。而豁然貫通。故必峻別天理與人事。强分天理與人欲。以成一家偏側傾危之見。乃以此推自一切人物性情理氣之關係。以至於太極之絕對。而徒見其相對。終不能見其絕對而止（卽視太極爲理・而氣在其外者・以二元觀終・）宜矣膚淺補綴之學說。不唯不得佛教大乘之深旨。又不能合於儒教經傳之精義也。（象山語錄曰・晦翁之學・自謂一貫・但其見道不明・終不足以一貫耳・吾嘗與晦翁書云・揣量模寫之工・依倣假借之似・其條畫足以自信・其習熟足以自安・此言切中晦翁之膏肓・）皇侃論語義疏序曰。此書義文兩立。理事雙該。圓通之教。如或應示。故蔡公云。物有大而不普。小而兼通者。譬如巨鏡百尋。所照必偏。明珠一寸。鑒包六合。以蔡公所喻。故言論語小而圓通。有如明珠。諸典大而偏用。譬如巨鏡。誠哉是言也。案。天臺三千三諦之法義。華嚴十玄六相之緣起。所立法式雖多。要其究竟之具體。進修行道之實際。約略舉在魯論二十篇中展開者。凡吾人日用平生。進退應對之節。行住坐臥之度。只見斷片散殊之不齊一。而能得事事無礙。圓融卽入。可以目擊而道存。所謂大乘之至境。舍此而何適哉。晦庵集注斯書。引伊川說。必言仁是孝弟之本。非孝弟是仁之本。性相近者。專就氣質之性言。非謂本然之性也。案朱注本學而篇孝弟者其爲仁之本與。日本所傳古本皆無爲字。今皇疏本有爲字之爲誤衍也。可據後篇疏中所引本文以證明之。參考懷德堂刊。武內氏校勘記。何晏集解。皇侃邢昺疏。亦皆不說爲字。獨伊川乃曰。孝弟謂之行仁之本則可。謂是仁之本則不可。論語解是讀爲字作行字。以爲必不可缺者。何知孝經曰。夫孝德之本也。管子曰。孝弟者仁之祖也。唐玄宗孝經御製序。卽以孝爲百行之源。則孝弟之爲成仁之基本。無可疑也。言朱注之謬者。由仁齋論語古義西河四書改錯首唱之。徂徠論語徵履軒中井氏論語逢原一堂東條氏論語知言等皆從之。程門諸氏解爲仁之本。皆略同伊川。獨游氏爲異。曰孝弟也者。置之而塞乎天地。溥之而橫於四海。人此者爲仁。履此者爲禮。宜此者爲義。信此者爲信。順此者爲樂。茲非仁之本與。知孝弟爲仁之本。則本立而道生之說見矣。見晦庵編論孟精義此其立異於當時。而卻得其正者。可謂僥倖矣。如象山輩。則終不得其解。而悍然橫決。謂。有子之言未然也。遂大啓後學附和詆誣聖門聖經之漸。噫。觀乎知者之過。而道之雖明。可知矣。至性相近之性。爲人人所享有尋常一般性質。非專指氣質。又非專指理性。仁齋東原駁正既晰。不待復辨。但朱注諸若此類。履軒所謂玩味之戹言妄鑿經意。强就已見。偏重普通抽象之純理。本體。而蔑視特殊具體之事實作用。豈出於時勢之不得已乎。抑亦體認之未至究竟極地歟。顧從來世上所謂學者窮理之學。古今東西。率多如此自畫無進境者。何足與言君子實際體究自得之道也。（參照第二節仁智交參條及第四節第四段擴充分義末條）仁齋曰。論語者。最上至極宇宙第一書。旨哉斯言。惟宋儒不知耳。

誠道之本質。與其發展之過程法式及其實際完行之要道。既已悉論次之矣。今更欲通觀誠道發展之次第。就其實情。考檢其影響所及。以明其所以能爲一切事物規範之故焉。中庸曰。其次致曲。曲能其誠。其次者。未達得至誠者之謂也。致曲者。盡行委曲。無所不至之謂也。能有誠者。能得自誠其身。而次第發展之謂也。夫萬物散殊。環境錯雜。而吾人自我之生活於其中。努力順應。無適無莫。以能十分遂行其明善之道。

隨時隨處。顯諸日常種種言行之間。此之謂致曲也。周易文言傳曰。君子進德修業。忠信所以進德也。修辭立其誠。所以居業也。亦是此義。蓋必自我果能修辭修業。忠信立誠。盡其委曲。始可實得成其所求之真自我。而在焉。凡實有實在者。必自顯現作爲。而不可掩。中庸曰。莫見乎隱。莫顯乎微。詩曰。神之格思。不可度思。矧可射思。夫微之顯。誠之不可揜。如此夫。今其自我。既能得實有實在。則其真自我之性情形相。必漸次發顯於外部環境。自爲善言善行。而不可掩。不可掩。則可以此善言善行。昭明萬物。使萬物仰而觀之。感而動之。生生化化。恆久不已。故又曰。天下至聖。溥博淵泉。而時出之。溥博如天。淵泉如淵。見而民莫不敬。言而民莫不信。行而民莫不說。是以聲名洋溢乎中國。施及蠻貊。舟車所至。人力所通。天之所覆。地之所載。日月所照。霜露所隊。凡有血氣者。莫不尊親。故曰配天。又曰。誠則形。形則著。著則明。明則動。動則變。變則化。唯天下至誠爲能化。此亦彼所謂爲物不貳。生物不測之義也。宇宙森羅萬象。皆由此一誠者發動而呈露萬千種種特殊形相。粲然成天地之文。故誠者。天地萬物生成之原動力也。一切事物成立之至高權威也。孟子亦曰。至誠而不動者。未之有也。動謂感動人物。周易中孚象傳曰。柔在內而剛得中。（䷼言六三六四在內。九二九五得中也。）說而巽孚。乃化邦也。豚魚吉。（荀慈明曰。豚四魚三。艮山下。豚所處。兌澤中。魚所在。）信及豚魚也。利涉大川。乘水舟虛也。繫辭傳曰。子曰。言出乎身。加乎民。行發乎邇。見乎遠。言行君子之樞機。樞機之發。榮辱之主也。言行君子之所以動天地也。可不愼哉。案愼猶學庸愼獨之愼。亦有誠字義。（詳見第四節第一段）无妄卦辭曰。无妄无亨利貞。其匪正有眚。不利有攸往。彖傳曰。无妄剛自外來。而爲主於內。動而健。剛中而應。大亨以正天之命也。象傳曰。天下雷行。䷘物與无妄。先王以茂對時育萬物。虞仲翔曰。妄亡也。謂雷以動之。震爲反生。萬物出震。无妄者也。故曰物與无妄。（李氏集解）來矣鮮曰。天下雷行。震動發生。一物各具一太極。是物物而與之无妄者。天道之自然也。茂對時育萬物。撙節愛養。輔成裁成。使物物各遂其无妄之性者。聖人之當然也。（周易集註）乾隆述義曰。震應乾。動以天曰无妄。震故元亨。艮故利貞也。（艮言二三四互體）天心復。（言初九）而无妄。所謂誠也。行於天之下。而鼓萬物者。雷也。雷以時行。而不妄行。物與雷俱出。而不妄出。天下雷行。陽氣普徧。而物不滯於達。物之无妄。視雷之无妄。故曰。物與无妄。先王之育萬物。亦體雷行及時之義。茂勉而對越之。對時者。順合天時。育物者。因材而篤。雷震於發生之時。

故於震取時。乾元爲資始之本。故於乾取育。可謂善說天人合一於誠道之理者也。今夫世界實有者。必能自現。而作爲生成不息。猶易有太極。是生兩儀。兩儀生四象。四象生萬物。其理氣性情之所發動。茲有生道之推行焉。天地人物。莫不皆然。繫辭傳曰。天地絪縕。（言二氣密交專一・而不二也・）萬物化醇。男女構精。萬物化生。易曰。三人行。則損一人。一人行。則得其友。言致一也。（釋損卦六三爻義）言散殊萬物。生於相對之二形質。相對之二形質。生於絕對不二之一實體也。故吾人若能實行誠道。完成其自我一實不貳之人格。頂天立地。維持其獨立自由之生活。則所謂生道之推行。自在其中。而其道必及他人之人格。與萬物之物格。使各盡其性。而遂其生。不息無疆。偕入一實不貳。自由獨立恆久之生活。眼前大地。穆然洞然。實現夫博厚高明。圓滿自在之理想世界。中庸曰。至誠無息。不息則久。久則徵。（鄭注・徵猶效驗也・或作徹・王引之經義述聞曰・作徹者爲長・徹達也・由一日而達終身萬世也・案・徵字義亦通・王船山讀四書大全曰・徵卽盡人物之性之事・亦發育峻極之事・亦卽見而敬・言而信之事・此解得之・）徵則悠遠。悠遠則博厚。博厚則高明。博厚所以載物也。高明所以覆物也。悠久所以成物也。博厚配地。高明配天。悠久無疆。如此者不見而章。不動而變。無爲而成。如是生活。如是世界。豈非真而善而美之極致乎。孟子更分說六段階級。曰。可欲之謂善。有諸己之謂信。（有諸己言實有善於己也。信誠也。眞也。）充實之謂美。充實而有光輝之謂大。大而化之之謂聖。聖而不可知之之謂神。夫誠者。本爲可欲者。故善亦爲實有諸己者。故信亦爲能充實圓滿者。故美。其至極者。則爲大爲聖爲神。中庸曰。至誠之道。可以前知。國家將興。必有禎祥。國家將亡。必有祅孼。動於蓍龜。著於四體。禍福將至。善必先知之。不善必先知之。故至誠如神。（如如同也。非類似之謂也。）又曰。君子之道。本諸身。徵諸庶民。考諸三王而不繆。建諸天地而不悖。（王引之曰。建字當作達。孔氏正義云。君子行道。須本於身。達諸天地。是也。唐石經以後誤作建字。樂記曰。禮樂刑政。四達而不悖也。亦同語意。若如今本作建。則與不悖二字。義不貫通矣。）質諸鬼神而無疑。百世以俟聖人而不惑。是故。君子動而世爲天下道。行而世爲天下法。言而世爲天下則。蓋言誠道以成君子之人格。君子之人格。以成就貫通三才之王道。其語默動靜。直成天下萬物恆久普通之法則規範。於此可知誠道者。不獨爲吾人自我及一切人物所以實在之究竟原理。且爲吾人完成其自我及人生世界所作爲經綸。一切道術法則之最根本普關之大規範也。故凡一切規範科學所講求之規範法則。俱應本此最根本普關之大規範。而定立之。尋繹布演。以範圍世界萬彙。各使盡其性。而遂其生。不然。諸學徒據其特殊之基準。以設立種種便利之法則。便則便矣。其如不能盡善盡美何。終亦支離牴牾。自致解體破滅而已矣。故苟欲勉強遂行此種法則。則又不免於推人生與世界。使陷支離解體之厄。焉能完成之要之。凡所謂政治法律經濟交通。國家社會農商工藝。以及教育倫理等。一切所以經綸人生與世界之具。所根據而推行之道。無一脫離此誠道之綱目。而自能成立者也。故誠道之本幹。及其所該一切法式。於吾人作爲經綸之事業。非唯爲根本共通之大道至德已也。且爲根本共通之義務權利焉。以下逐次詳審其法式。

第二節　誠道表面一般法式——內正與外政——成己（仁）與成物（智）（義）——執善之道（勇）

王道與誠道。互相豫想前定。表裏俱成。雖不可分離。亦非無形式之差異。王道則從天地人三才。上下合一之關係。推至四方世界人物之廣。誠道則從自他內外合一之關係。推至上下天地萬物之大。一則由上下貫通縱面關係起。以及於前後左右普徧橫面關係。一則由前後左右普徧橫面關係起。以及於上下貫通縱面關係。二者之特殊形相。大體如是。惟誠道由吾人自我內部。直接起發。故吾人欲推行王道。貫通三才。徹上徹下。盡性而遂生。亦須以誠道徹內徹外合體自他之諸法式。爲其實地布施之塗轍。而達成之。

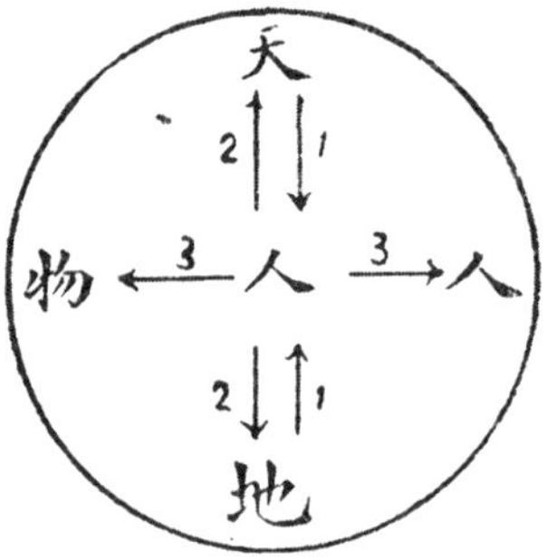

誠道諸法式。乃誠道本幹之所以一貫樹立完成之根柢枝葉也。（參照附圖儒道開合發展表）根柢枝葉。與本幹。相成一體。不可分解支離而存也。明矣。然必分析而觀之者。敘述之便。不得已也。其法式。先由自他內外之關係。二分其大體。此係從內外相依豫想前定。以成誠道之發展者。而其內則專屬自我性情內部之心術。（表中右側）其外則專屬人羣庶物間修爲之道法。（表中左側）又由道術所行顯微本末之關係。二分其法式。此係從表裏相依。豫想前定。以成誠道之發展者。而其表則專屬物我格式一般統正之道。（表中內正外政）其

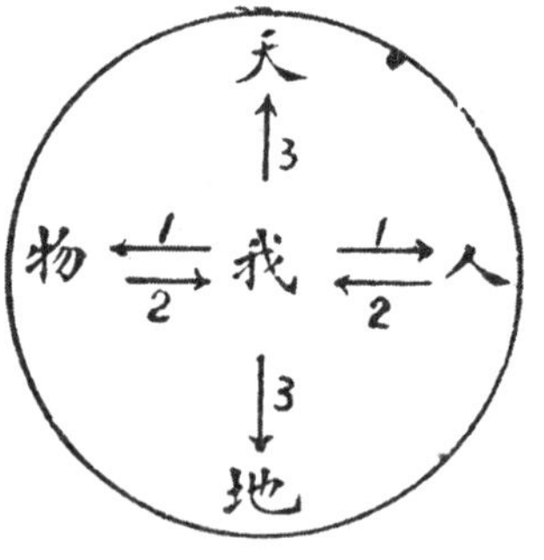

天 人 物 人 地
1 2 3 3 2 1

王道形式

天 我 物 人 地
3 1 2 1 2 3

誠道形式

裏則專屬物我素質實際修養之道。[表中性教法式]由此實際修養之道。而後層層進入直接實地踐履體行之工夫。[表中誠身明善中知反求擧化剛克柔克等類]至其使此等諸法式。能爲實際活動推行之道德者。唯待於誠道本幹。徹上徹下。一貫發展之要道而已。[表中執善之道率性之道以至中庸權衡正直之道]如此而天人上下一貫之道。始實行於自他內外。相依相豫。合體踐履之間。

今茲所謂物我格式一般統正之道。乃由內正與外政兩方面而成。內正者。吾人內自反省。使其自我合於誠道。得其正成。以自我實爲其自我。所謂人格成立之道是也。外政者。吾人使外部人類。及一切事物合於誠道。得其正成。以事物實爲其事物。所謂人格及物格成立之道是也。內正之法式在成己。一切修身修己正己等事屬此。外政之法式在成物。一切開物成務治人成人等事屬此。中庸所謂誠者非自成己而已也。所以成物也。合外內之道也。蓋即此義。案誠成正三字。語義相通。其說已見上節。政字義亦通同。說文政正也。从支正聲。支小擊也。从又卜聲。案政字形聲兼會意。小加事物。以人爲之力。使致其正也。論語。政正也。管子書所載同此。論語。有政。馬氏注。政者有所改更匡正。周禮夏官掌邦政。鄭氏注。政者所正不正者也。由是觀之。凡政者正一切事物。入諸規範。使得其誠成之道也。今世所謂政治經濟法律倫理工藝農商等。一切開物成務之具。齊家治國平天下之道。皆當以此外政之道。爲其共通之法式規範。不然。各科事業。道其所道。行其所行。無所統正。則其所經營。必支離扞格。終致破碎滅裂而已。如此而欲完成人生及世界。豈可得乎。儒

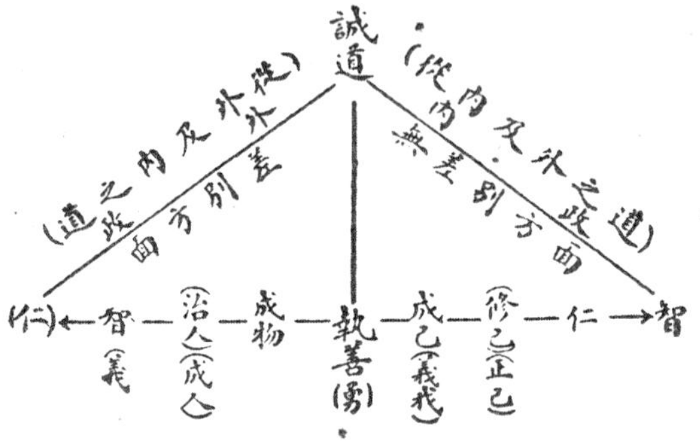

誠道表面一般法式圖

誠道
（從內及外之道）無差別方面
（從外及內之道）差別方面
智←—仁—（修己）（正己）—成己（義我）—執善（勇）—成物—（治人）（成人）—智（義）—→（仁）

道要義。本在合物我內外。正之政之。俱歸一誠。而完行人道。若其偏重內我。或偏重外物。耽於唯我唯心之見。或溺於唯物唯理之說。執一忘二。互相排斥者。非其道也。又其截立物我之界限。不知其所歸一者。亦非其義也。是故。儒道之法式。先立內正外政兩面。使兩面俱得一正。而歸於一誠。此其所以能包攝萬彙。大公至正。無偏僻陷溺之弊也。宋僧圭堂。著大明錄。辨論儒佛道三家特色。頗得要領。曰。穹然而高者天也。隤然而下者地也。混然中處者人也。厥初人道

之始生。而儒教已爲之主。既而兩教乃入。特爲之伴焉。非主也。教儒教之尊。實人道之大源。大抵兩教本有交參之妙。故論三之合者。終杌隉而不安。是以儒氏斥佛老之學。謂之異端。伊川曰。但本領不是一齊。差却誠如是也。是故真具正眼者。終不妄摘其一二句之相似者。强合附會。以紊儒宗。立天地正人心之大統。所謂不同之同。乃所以深同之也。雖然。三之不可强合固也。而各有一言可以綱之。何者。道以尊設教。佛以大設教。儒以正設教。世間只有此三字。而三家各主之。每教自具此三字。而三教又各分此三字矣。又曰。儒者之道。一言可以蔽之曰正也。本於性分之中。而發見於躬行日用之實。三才以立。人倫以定。大本正於人心。而功用行於萬世者也。然道原出於天道。統傳於聖賢。而道學則大明於聖朝之盛。昔也泛濫。而人無適從。今也因其名。窮其義。而所謂名義者。凡三十焉。曰太極。曰天。曰性。曰命。曰心。曰道。曰德。曰仁。曰義。曰義利。曰大中。曰時中。曰中和。曰誠。曰情。曰才。曰善。曰禮。曰樂。曰忠恕。曰智。曰信。曰孝。曰敬。曰恭。曰志。曰氣。曰命分。是也。是皆以天理爲之本。而發用則不同焉。故又謂之理學。雖然。大莫大於性命。其說有二。有天命之性。有氣質之性。有天命之命。有氣賦之命。故理之自然者。

謂之天。出於天者。謂之命。稟於人者。謂之性。而又有氣質氣賦之不同焉。儒學之大。蓋見於是矣。又曰。儒道之大。一日不可無也。天地以之位。萬物以之育。而人生得以自安自遂於天地間。皆儒教扶持之力也。雖然。儒教特立於天下。扶天立地。不可干甚正。而或者妄欲摘釋老中之語以紊之。夫是之謂無真識。圭堂之見儒學之大。亦唯近囿於當時理學道學中。未遠遡思孟之大思想界。直接求之。故其所見之小。終不免纔舉天命氣質之性別。只甘張（橫渠）程（明道伊川）之糟粕。誠屬可愍。至其提一正字。以表儒道特性所在。則其辨識之確實。竟不可易。從前會通三教。說其契合者。雖有圭峯原人論。仲靈輔教篇等類。未及如此指點鮮明也。大明錄之傳至日本。自僧圓爾（聖一）其師徑山無準（佛鑑）所手交。圓爾用此為鎌倉北條時賴講之。別作三教要略。以授京師公卿。編三教典籍目錄。以置東福書庫。於是鎌京五山叢林。儒佛兼采之學風起焉。虎關。夢巖。義堂。岐陽。桂庵等儒僧。接踵輩出。禪儀之傍。必講儒道。故足利黑暗時代。終得扶持世教。不至全絕者。主賴其力也。（別有五山文學史稿詳記之）

內正之道。誠道之從內及外者也。蓋內正之道。即在成己。成己之道。專成就吾人一個自我之事也。即使各個人爲各個人之道也。董子所謂義我之道是也。春秋繁露仁義法篇曰。以仁安人。以義正己。故仁之爲言人也。義之爲言我也。仁之法在愛人。義之法在正我。仁造人。義造我。義者謂宜在我者。故言義者。合我宜以爲一也。案己者紀也。理也。自我之獨立統理。以成一體也。此義已詳見第二篇凡人修身。必修正其己。統理性情。而得完全之義我。則可以完成獨立之人格。故內正者。乃各人獨立統一成體之道也。然各人統一成體之道。非其人孤立獨往所可能。必須其人自我能與外部世界萬物。洽接合體。而後始可成之也。即必使外部人物世界。亦能成其人物世界。而後始可成之也。即能使物實爲物。而後我可以實爲我也。中庸曰。成己仁也。言吾人完成自我。唯於仁道得之。仁道者。吾人合體世界。同成人物之道也。中庸曰。仁者人也。鄭氏注曰。仁相人偶也。此義出於曾子。曾子曰。人之相與也。譬如舟車然。相濟達也。己先則援之。彼先則推之。是故人非人不濟。馬非馬不走。土非土不高。水非水不流。大戴禮曾子制言中篇孟子曰。仁人心也。義人路也。又曰。仁者人也。合而言之道也。然則成己之道。無他。唯推其內部仁心。普及外部人物。博施弘濟。使之與我合體。以同成其獨立自體而已。此乃吾人自我從其內部發展。以及外部。而成就其自我之道。故謂之誠道從內及外之法式。且仁者韓退之所謂博愛也。一視同仁也。孔子曰。己欲立而立人。己欲達而達人。能近取譬。可謂仁之方也。又曰。仁遠乎哉。我欲仁斯仁至矣。曰殺身成仁。子絕四。毋意。毋必。毋固。毋我。孟子曰。善與人同。舍己從人。佛典多說無我舍身。與此相似。夫自我自體之獨立完成。必待於一視同仁之道。一視同仁之道。從自我內部起發。化其孤懸之故小我。爲普遍之新大我。成立其真實圓滿之自我。即如所謂君子大人聖人之屬。又如孟子所謂善信美大聖神之人格。以是統攝萬物。以爲一體。孟子所謂仁覆天下。中庸所謂肫肫其仁。淵淵其淵。浩浩其天者。即是其義。故以仁成己。從內及外之道。乃表誠道之無差別方面者也。

外政之道。誠道之從外及內者也。蓋外政之道。即在成物。成物之道。與成己之道。反對而相成者也。成物者。必使一切世界。散殊事物。共理統一。而得其完成者也。故成物之境域。即仁道所實施遍行之處。而人與人。人與物。及物與物。俱各於是相合相濟。以能成家國世界之一大統體者也。故外政者。乃一切人物。互相統合成體之道。與內正之一人獨立。統理自我。成就個體之道相反。雖然全體者。由部分而成者也。欲離部分之獨立成體。而偏期全體之統合成體。不可得也。家國世界。猶有機體。由多數細胞所成。集父母兄弟夫婦子孫而成一家。集君民吏卒。積衆而成一國。集列國而成一世界。今父不父。子不子。而偏期其家之完成。君不君。民不民。而偏求其國之完成。列國不列國。而偏欲世界之完成。豈可得乎。世上種種社會團體。所以成立之道。無不然也。是故。外政成物統合成體之道。須待部分之獨立成體而始成之。即必使天下特殊事事物物。一一各各依其性情。實爲其事事物物而後得之也。夫使天下特殊事物一一各各。盡其性。遂其生。以完成獨立之自體者。唯人所行之誠道能之。人之能行誠道者。即其自我之能成得真自我者也。故成物之道。必須使一一人人自我。實爲其自我。因而使事事物物。一一各自行其義。我之道。以正得其所宜。而後得之。中庸所謂能盡其性。則能盡人之性。能盡人之性。則能盡物之性。正謂此也。孟子曰。其身正。而天下歸之。曰。大人者。正己而物正者也。曰。仁者如射。（仁者。爲仁之道也。）射者正己而後發。發而不中。不怨勝己者。反求諸己而已矣。孔子曰。苟正其身矣。於從政乎何有。曰。克己復禮爲仁。一日克己復禮。天下歸仁焉。（猪飼敬所論語考文曰。史記無克己復禮爲仁一日八字。一日當作一曰。蓋後人據史記傍注一曰十一字傳寫者誤入本文也。）

爲仁由己。而由人乎哉。曰。仁遠乎哉。我欲仁。斯仁至矣。皆言人之成仁成物。統正家國天下。必須先以其自我一己。抽出於人羣。區別於庶物。而自行其正義獨立之道也。自我一己之正得義得宜。此所以其能洽接世界施仁正物。而完成之也。何者。義我正己之道。亦實不外乎仁道之自內及外者也。故曰。一家仁。一國興仁。一家讓。一國興讓。一人貪戾。一國作亂。其機如此。此謂一言僨事。一人定國。此之謂也。（大學）是故。外政施仁正物之道。終又進入其一人內部義我正己爲仁之道。而始完成之。乃實能以外部客觀世界。一切事物。收攝於其一人內部自我活動中。互相圓融合體。同正其義。而後得之。孟子言集義所生。塞乎天地之氣。又言萬物備我反身而誠之樂。即正指如是境地。此之謂誠道從外及內之法式。

夫爲仁由己。成物之待於義我也如是。而中庸乃曰。成物智也。此何以故。曰。言智猶言義也。其不言義。而特言智者。蓋欲以明正義之辨也。夫義者宜也。萬物各正得其所也。萬物各有其特殊物格。與他相別。以保其內部自體。而盡其性。遂其生也。然萬物之盡性遂生。必待人力而完成之。吾人乃欲爲之作爲經綸。推行種種事業。使萬物一一各盡其性。遂其生。皆得其所宜而後已。其使萬物一一各得其所宜者。無他。即使萬物內部。一一各自盡其正義。獨立成體。以致其性質區分之明辨也。孔子爲政。必先正名。荀子之正名。墨子之辨。亦皆欲明辨事物名實之當否。以盡其正義也。是故。若能據名責實。使事物一一各得正當。則知事物一一各得其宜。獨立成體。可以能盡其所以爲其事物之道。而有補於人生與世界之統一完成也明矣。但此區分明辨之事。獨吾人之明智能之。智者何。揚氏法言問道篇。智也者知也。脩身篇。智燭也。白虎通。性情篇。智者獨見前聞。不惑於事。見微知著也。淮南道應訓。知可否者智也。荀子脩身篇。是是非非謂之知。墨子經上篇。知接也。孟子。是非之心。智之端也。又曰。所惡於智者。爲其鑿也。禹之行水也。行其所無事也。如智者亦行其所無事。則智亦大矣。孔子曰。知之爲知之。不知爲不知。是知也。子曰。蓋有不知而作之者。我無是也。多聞擇其善者而從之。多見而識之。知之次也。又曰。吾有知乎哉。無知也。有鄙夫問於我。空空如也。我叩其兩端而竭焉。又曰。知者不惑。孟子曰。舜明於庶物。察於人倫。周易繫辭傳曰。知周萬物而道濟天下。未濟象傳曰。君子以愼辨物居方。賁象傳曰。君子以明庶政。无敢折獄。履象傳曰。君子以辨上下定民志。繫辭傳曰。夫易彰往而察來。微顯闡幽。開而當名。辨物正言斷辭則備矣。因貳以濟民行。（貳者。自然差別相對之形相。如吉凶是也。）以明失得之報。（言其行爲上得失之報。有吉凶也。）尙書堯典曰。平章百姓。百姓昭明。今文平章作辨程。皋陶謨曰。知人則哲。論語中庸皆以知人爲政要。十七條憲法曰。人各有任。掌宜不濫。事無大小。得人必治。孟子曰。治人不治。反其智。繫辭傳曰。復（地雷）以自知。小而辨物。德之本也。蓋反身省察。自知自覺者。乃所以辨識萬物。大成道德之基本也。中庸曰。唯天下至聖。爲能聰明睿知。足以有臨也。文理密察。足以有別也。案所謂至聖睿知。密察文理者。能通達事物之本末終始。遠近上下。內外顯微。一切種種兆徵。一一義理。皆相豫想而判斷之。前定而建立之也。如是者。亦唯中庸所謂至誠者。足以當之。故曰。唯天下至誠。可以前知。國家將興。必有禎祥。國家將亡。必有祆孽。見乎著龜。動乎四體。禍福將至。善必先知之。不善必先知之。故至誠如神。神者何。繫辭傳曰。易无思也。无爲也。寂然不動。感而遂通天下之故。非天下之至神。其孰能與於此。唯神也。故不疾而速。不行而至。又曰。蓍之德。圓而神。卦之德。方以知。神无方。而易无體。蓋易之本質。藏在其變易圓通之用。變易圓通之用。即在大衍之用。

大衍之用。即在七七之蓍德。圓通變化之中。故曰。顯道神德行。是故可與酬酢。可與祐神矣。子曰。知變化之道者。其知神之所爲乎。蓋由蓍德之神用而成得卦體。（七八九六。得爻成卦。）卦之德。能依象像形相。便於諦認知識。以其既成有一般妥當遍通之方所法式也。繫辭傳所謂出入以度。既有典常者。又恆卦象傳所謂立不易方者是也。故又曰。神以知來。知以藏往。神以知來者。所謂窮神知化。德之盛也。言蓍德之神用。以豫知未來。一一事物前定義理。而不爽也。繫辭傳曰。吉凶悔吝者。生乎動者也。變通者。趨時者也。天地之道。貞觀者也。貞觀者。言視之以義理之正定也。坤卦文言傳曰。敬以直內。義以方外。言外部形式方所之成立。有待於義理之正定也。知以藏往者。言其判斷義理之法式。現在布卦八八之諸形相者。可以保留其所得之義理。而能經久不亡失。所謂易簡而天下之理得者是也。雖然。易者變易也。周流六虛。唯變之所適。不可爲典要者也。蓋其蓍德既在變化酬酢圓通。則其所成得卦爻上所現一一事物義理之形式。亦種種變化。豈得一定因着不靈乎。故曰。精義入神。以致用也。（繫辭傳。就成卦言之。）唯其感應事物。精審義理。能分別而斷定之者。可以入神於內。而致用於外也。精義之道何在。說卦傳曰。和順於道德。而理於義。是言能合體於天地之大道德。而得其義理也。天地之大道德至賾。而易道能顯之於易簡之法式。唯依易道易簡之法式。先體究其道德之幾微。而後可以和順之也。易簡之道何在。繫辭傳曰。夫乾天下之至健也。德行恆易以知險。夫坤天下之至順也。德行恆簡以知阻。能說諸心。能研諸慮。定天下之吉凶。成天下之亹亹者。乾隆述義曰。惟中心易直者。能燭其情。而有平其險也。惟行事簡靜者。能察其機。而有以通其阻也。易簡之理。足以悅心。險阻之幾。又能研慮。故爲天下定其吉凶。而成其亹亹者。非體乾坤至健至順之德。其孰能之。所謂悅心研慮。乃所以能和順道德而無窮極也。故又曰。夫易聖人之所以極深而研幾也。唯深也。故能通天下之志。唯幾也。故能成天下之勢。唯極深研幾。而事物之義理。可以體究體認。而豫知前定也。故曰。知幾其神乎。幾者動之微吉之先見者。孔氏正義曰。凡豫前知幾。皆向吉而背凶。違凶而就吉。故特言吉也。君子見幾而作。不俟終日。孔氏正義曰。言君子既見事之幾微。則須動作而應之。不得待終其日。言赴幾之速也。此孔子就豫卦䷏六二爻辭。介於石不終日。貞吉。言豫想前定之道也。豫想前定者。就一切作爲活動之幾微。當行之義理。體究體認。先見之判斷之。定立之隨時隨處。感應通達。一一事物。皆不失其宜也。故又曰。介如石焉。寂然不動也。寧用終日。感應如神也。斷可識矣。互艮爲石。二應在五。而四隔之。二操守如石堅。決然去四之權勢。不俟終日也。二在下卦之中。故曰不終日。蹇卦☵☶象傳曰。蹇難也。險在前也。見險而能止。知矣哉。蹇利西南。往得中也。不利東北。其道窮也。蹇之時用大矣哉。乾隆述義曰．互離能見．互坎能知也．見險雖以能止爲知．而濟險必以能往爲功．故往而西南．乃得中道．止而東北．其道乃窮．伊川曰．順時而處．量險而行．從平易之道．由至正之理．乃蹇之時用也． 蓋智亦唯藏諸用。而其妙不窮。非論理上一定形式途徑所能盡。孟子所謂智者若禹之行水。亦行無所事者。豈不然乎。要之。明智之所以爲明智者。在通過去現在未來三界。就其本末終始。悉相豫而知之。叩其兩端。舉其全體。而盡之耳。豫道之至。三才之形相理致而極。子曰。不知命。無以爲君子也。不知禮。無以立也。不知言。無以知人也。此通三才而言其豫知前定之要者。參照第四節第四段擴充分義末條 繫辭傳曰。君子知微知彰。知剛知柔。萬夫之望。蓋此之謂也。是故。唯明智可以辨識事物之始終同異。詳審其正義。定立其名分。秩序。附正釋訓曰．條條秩秩．智也． 使人物種類相從。各得其宜。無所混雜侵犯。而始相成其共同之統體。乃於其共同統體中。使種種散殊萬物。一一各自盡其性。而遂其生也。故智者。明辨宜義之謂也。卽使萬物一一各成其內界獨立自體於一切外界萬物共同統體中之道也。同人象傳曰。天與火同人。君子以類族辨物。乾隆述義曰。天之所生。各族殊分。法乾覆之無私者。於殊分之族而類聚其所同。異中之同也。火之所及。萬物均照。法離明之有別者。於均照之物。而辨析其所以異。同中之異也。同其所不得不同。異其所不得不異。所以爲同之大也。睽象傳曰。上火下澤。睽。君子以同而異。彖傳曰、火動而上。澤動而下。二女同居。其志不同行。天地睽。而其事同也。男女睽。而其志通也。萬物睽。而其事類也。睽之時用大矣哉。乾隆述義曰。萬物散殊。睽也。而生長收藏。統別異消息之宜。則其事類可見。不睽則無以爲合。而三才之用息矣。凡此等萬物種種別異成體之作用。卽屬於繫辭傳所謂開物成務之大事業。非獨用形式論理學上辯證法所能成。亦必待夫政治經濟。法律倫理。工藝農商等。一切道術學科所講求。諸種特殊義理規範法式之知識。而完成之。卽依此諸種義理規範法式。務使天下事事物物。一一各自成得其真正自體。使人人一一各自成得其真正自我。遂使天地萬物。一一各自能粲然發揮其特殊英華。而後已。繫辭傳曰。天地之大德曰生。聖人之大寶曰位。何以守位。曰仁。何以聚人。曰財。理財正辭。禁民爲非。曰義。乾隆述義曰。易簡之德。此乾隆所顯。該見上文。及第四節第五段。一無所爲。惟以生命爲事。聖人體天地之大德。必有君師之位。而後能使物物遂其生。故位曰大寶。好生謂之仁。所以守位也。

養民謂之財。所以聚人也。理財以厚民生。正辭以正民德。明刑勅法。以禁民爲非。義也。所以行其仁者也。仁義立而帝王盛德大業備。易道舉矣。蓋亦言王道施仁之實際。有待於人物正義之辨也。是故以智(或義)成物。從外及內之道乃屬誠道之差別方面者也。

如上所述。則誠道之從主觀方面行者。卽從內及外。由無差別至差別。(卽由普遍至特殊)一己普同萬物。是以仁合智(或義)也。其從客觀方面行者。乃從外及內。由差別至無差別。(卽由一至)一萬物即入一己。是以智(或義)合仁也。兩面作爲活動。循環交參。一多相卽。同成己物。合會外內。長無偏廢。以圓轉其盡性遂生經綸自我與世界之大業。故仁智二者。相豫相輔。相依相成之關係。實爲自我與世界互相成立之樞軸也。孔子曰。里仁爲美。(里。里居也。)擇不處仁。焉得智。又曰。仁者安仁。智者利仁。孟子曰。夫仁天之尊爵也。人之安宅也。莫之禦而不仁。是不智也。不仁不智。無禮無義。人役也。如恥之。莫如爲仁。又曰。惡辱而居不仁。猶惡濕而居下也。(恥之惡辱。皆言其知義也。)又曰。始條理者。知之事也。終條理者。聖之事也。又引子貢曰。仁且智。夫子既聖矣。蓋人之生活內外一致。既仁且智己與物合。物與己一。大德敦化。小德川流。（中庸）使其自我與世界。共俱轉進軌道。正歸於一誠之中。非人格圓滿完成者而何。（參照第四節第四段擴充分義條○晦庵曰。仁箇生意。發出來了。便硬而強。義便是收斂。向裏底。外面見之。便是柔。智更是截然。更是收斂。智者仁之分別。仁為四端之者。而智則能成始而成終。猶元為四德之長。然元不生於元。而生於貞。蓋天地之化。不翕聚則不能發散也。仁智交際之間。乃萬化之機軸。此理循環不窮。脗合無間。故不貞則無以為元也。見其語類卷六。）子曰。君子之於天下也。無適也。無莫也。（鄭釋文。適作敵。莫音慕。）義之與比。孟子曰。仁者無敵。惟義所在。滕文公問曰。滕小國也。竭力以事大國。則不得免焉。如之何則可。孟子對曰。昔者大王居邠。狄人侵之。事之以皮幣。犬馬珠玉。不得免焉。乃屬其耆老而告之曰。狄人之所欲者。吾土地也。吾聞之也。君子不以其所以養人者害人。二三子何患乎無君。我將去之。去邠。踰梁山。邑於岐山之下居焉。邠人曰。仁人也。不可失也。從之者如歸市。或曰。世守也。非身之所能也。效死勿去。君請擇於斯二者。一則由仁得義。一則由義得仁。各隨其時處。及其人格所能。而成之。而所歸者一也。（又對鄒穆公曰。君行仁政。斯民親其上。死其長矣。言能仁而義也。對滕文公曰。鑿斯池也。築斯城也。與民守之。效死而民弗去。則是可為也。言能義而仁也。又曰。苟為善。後世子孫。必有王者矣。君子創業垂統。為可繼也。若夫成功。則天也。君如彼何哉。言齊之不足畏。唯在仁義之體行。）

雖然。誠道之能如此作用實行者。又必待於其自我中樞。恆久固執推行之力。而後得之。此恆久固執推行之力。卽勇是也。中庸曰。誠者不勉而中。不思而得。從容中道。聖人也。子曰。七十而從心所欲不踰矩。此無意識之態度在既致至誠者狀之耳。其所以能致此者。則不可無其自我中樞之努力意志之自彊不息。故中庸又曰。誠之者。擇善而固執之者也。子曰。克己復禮爲仁。反覆繼續。百折不屈。剛猛精進。執善不失。以貫行誠道者。唯勇之德能之也。繫辭傳曰。一陰一陽之謂道。繼之者善也。蓋繼續天道。終日乾乾。自彊不息者。是爲善也。（傳注諸家。解繼字。只以繼承於天。爲盡其意。非是。）天道誠道也。繼續誠道。固執不廢。勇猛精進。恆久不退轉。是吾人所以能實現誠道也。乃知中庸所謂擇善固執者。亦惟自我中樞。實現誠道之實際努力也。故又曰。唯天下至聖。爲能發强剛毅。足以有執也。又詳述此實際努力執善之道。而歸之於人一己百。人十己千之道。曰。博學之。審問之。愼思之。明辨之。篤行之。有弗學。學之弗能。弗措也。（弗者。不得也。不能也。不欲也。含有否定。其欲求努力之意。與不字單純之否定不同。）有弗問。問之弗知。弗措也。有弗思。思之弗得。弗措也。有弗辨。辨之弗明。弗措也。有弗行。行之弗篤。弗措也。人一能之己百之。人十能之己千之。果能此道矣。雖愚必明。雖柔必强。由是觀之。勇也者。與智仁二者俱爲實現誠道必要之三方面德性也。子曰。君子之道者三。我無能焉。仁者不憂。知者不惑。勇者不懼。子貢曰。夫子自道也。中庸曰。天下之達道五。曰君臣也。父子也。夫婦也。昆弟也。朋友之交也。知仁勇三者。天下之達德也。所以行之者也。行之者。言以天下之達德。行天下之達道也。行之者也。今本作行之者一也。王念孫曰。據史記平津侯傳。漢書公孫傳。則經文本無一字。鄭注亦於此不釋一字。則其本亦無一字可知。今本因下文所以行之者一也。而誤衍之耳。家語哀公問政篇。有一字。亦後人據誤本禮記加之也。又曰。好學近乎知。力行近乎仁。知恥近乎勇。知斯三者。則知所以脩身。知所以脩身。則知所以治人。知所以治人。則知所以治天下國家矣。蓋知仁勇三者。合之則歸於一仁。故論語以仁為諸德之總腦。以配於天德。分之則各有其特性。知屬知

大學之道圖解

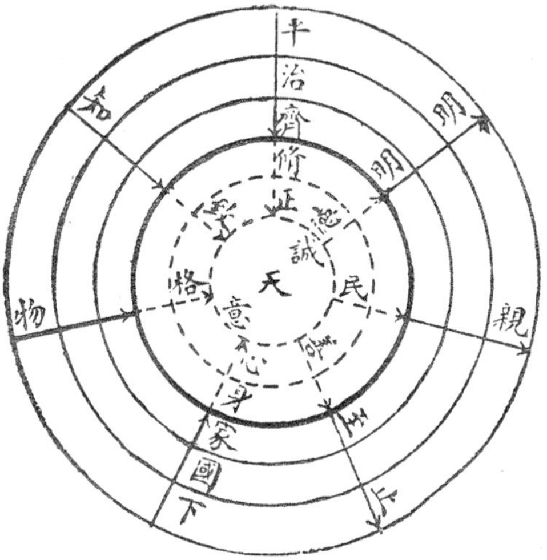

大學之道。其所謂三綱領。主表遠心之道。而實行於八條目中。八條目主依求心之法。以實行遷心之道。諸道法皆以修身為本。格物致知與止至善其樞紐。以及內外。誠意其中核中心。而反求擴充。誠身明善。表裏相成。顯微無間。卷舒循環。活動不息。

識理性之作用。仁屬感情作用。勇屬意志作用。以各行其所行也。然至其所以行之。則三者復歸於一誠道而推行之。然後始能有所成也。否則支離散漫。其自我統一成體之事。終不可期。故中庸一篇。以誠字一貫其終始。而誠道之推行實地。必要擇善固執勇猛精進之意志之活動。則意志之活動。又爲實際行道之中樞。故大學以誠意爲正心脩身之中心基調。而推至齊家治國平天下之大事業。卽如其格物致知以及所謂三綱領。亦皆必依此中樞之意識。誠意之活動。求心遠心。內外作用。反求擴充。誠身明善。表裏相成。而大學之行焉。（誠意之誠字。義已詳於第一節。格物致知三綱領。及遠心求心。反求擴充。誠身明善等類。其義皆分說於下節。）意也者。古兼意志及感情言之。而意志爲主。若據周易理氣之說觀之。則意志與感情俱屬於氣。而氣之主發動推行者。則亦唯意志是已。故孟子曰。志。氣之帥也。氣。體之充也。夫志至焉。氣次焉。故曰。持其志。無暴其氣。蓋意志之活動推行。必向其目的理想而欲實現之。乃按其目的理想。以統一其自我身上感性。使之經營誠正合理之生活。然後成得其所求完全實在之自我矣。孟子據曾子守約之說。善養其浩然之氣。以明所謂大勇之義。意亦猶是耳。孟施舍之守氣。視不勝猶勝也。不過偏主單純感性而已。固不如曾子之守約也。守約者。即以志帥氣。以誠道正持其志。以統一其自我內容。而得盛大自由之真生活。孟子所說善養其浩然之氣之法。即是也。曰難言也。其爲氣也。至大至剛。以直養而無害。則塞乎天地之間。其爲氣也。配義與道。無是餒也。是集義所生者。非義襲而取之也。（王引之曰。義。我字之誤也。趙注不說義字。見經義述聞。）行有不慊於心。則餒矣。我故曰。告子未嘗知義。以其外之也。必有事焉而勿正。心勿忘。勿助長也。無若宋人然。宋人有閔其苗之不長而揠之者。芒芒然歸。謂其人曰。今日病矣。予助苗長矣。其子趨而往視之。苗則槁矣。天下之不助苗長者寡矣。以爲無益而舍之者。不耘苗者也。助之長者。揠苗者也。非徒無益。而又害之。案所謂直者。正也。由仁義得之。故曰配義與道。無是餒也。道者乃仁之謂。孔子曰。道二。仁與不仁而已矣。孟子曰。仁也者人也。合而言之。道也。能合一於仁義。得其內正外政之全。此所以成就其誠道也。坤卦六二爻辭曰。直方大。不習无不利。象傳曰。六二之動。直以方也。乾卦九二文言傳曰。龍德而正中者也。庸言之信。庸行之謹。閑邪存其誠。善世而不伐。德博而化。蓋六二之以直動。即九二之所以存其誠也。文言傳又曰。大哉乾乎。剛健中正純粹精也。六爻發揮。旁通情也。時乘六龍。以御天也。

雲行雨施。天下平也。象傳曰。君子以自彊不息。如此者。乃所謂善養吾浩然之氣之至。亦守約誠意之至。抑夫必有事焉而勿正。道義上大勇猛心。浩浩其天。大自由之意志之活動。亦實於是推行發展無窮者也。所謂居天下之廣居。立天下之正位。行天下之大道。得志與民由之。不得志獨行其道。富貴不能淫。貧賤不能移。威武不能屈者。豈非此之謂歟。孔子曰。志於道。據於德。依於仁。游於藝。又曰。人能弘道。非道弘人。繫辭傳曰。苟非其人。道不虛行。子曰。見義不爲。無勇也。曾子曰。事君不忠。非孝也。戰陣無勇。非孝也。（大戴禮曾子大孝篇）又曰。可以託六尺之孤。可以寄百里之命。臨大節而不可奪也。君子人與。君子人也。曰。士不可以不弘毅。任重而道遠。仁以爲己任。不亦重乎。死而後已。不亦遠乎。夫盲目之意志。匹夫之小勇。君子所不取。而誠意之意。浩然之氣。至大至剛。自主自由邁往之大勇。則爲吾人自我與自我所住世界之作爲經綸。不可一日缺乏之原動力。而人物家國。一切萬物。成體存立之中樞中核。新學小生。動輒捨此中樞中核。徒事追求皮毛枝葉。喁喁于于。雖日曰人道。曰正義。曰大同。曰改造。曰新主義。曰新哲學。曰社會文化。世界統一。而大本既失。至道不凝。苟內不自得其真自我。何外望事物之獨自成立。亂道誤人。在所不免。孟子曰。君子深造之以道。欲其自得之也。自得之。則居之安。居之安。則資之深。資之深。則取之左右逢其原。故君子欲其自得之也。然則自我誠意成體存立推行之道。雖欲不講。豈得乎。

第三節　誠道裏面實際法式——率性之道——性與教

成己者。修身（大學）或成身（哀公問）兼正心。（大學）合而言之者也。吾人心身性質。皆天所賦。中庸曰。天命之謂性。是也。故成己之道。亦必於己性成立之。故又曰。率性之謂道。繫辭傳曰。一陰一陽之謂道。繼之者善也。成之者性也。繼之者善。言吾人行道。唯在承繼天道。經久固執。活動不絕。是謂爲也。成之者性。言此道唯可與吾人本有之性分成立之。不可離性分成立之也。其義與中庸正相發明。且中庸率性之率字。爾雅釋詁曰。循也。又自也。毛詩大雅假樂篇。不愆不忘。率由舊章。鄭氏箋。率循也。成王之令德。不過誤。不遺失。循用舊典之文章。謂周公之禮法也。左傳宣公十二年。今鄭不率。杜氏注。率遵也。哀公十六年。率義之謂勇。杜氏注。率行也。周書大匡篇。三州諸侯咸率。孔子注。率奉順也。孟子曰。天下之言性也。則故而已矣。故者以利爲本。息軒曰。則法也。利導也。（孟子定本）毛詩大雅曰。刑於寡妻。至於兄弟。以御於家邦。毛傳曰。刑法也。鄭箋曰。文王以禮法桉對其妻。至於宗族。以此又能爲政。治於家邦也。朱集傳曰。其儀法內施於閨門。而至於兄弟。以御於家邦也。孔子曰。齊家而後國治。孟子曰。言舉斯心加諸彼而已。桉。率性猶則故。言率於性也。率猶則也。又猶刑也。卽據天所賦命之性情。循由利導。以向往於其目的理想。而得成立天人合一之法則規範。是爲人道也。率字有規律法則之意。下文審之。

蓋人道者。不可離反於人之性情性分。而成立之。若其離反其性情性分。而逆行。此不啻自致矛盾悖戾。而與天道之誠者乖背。不能合一也。何者。人之性情。卽天之性情也。所謂人之天性者。以其性情與天。通同言之也。今離反人所享性情。而偏欲合於天道之誠者。以實現之。必不可得也。天道者。天之理氣性情發動。而運行者。而人道者。亦人之理氣性情發動。而作行者。考其所由來。一也。故要其所歸趣。亦必應一其致也。人道之成立通行。不可不自循其性情。無所悖戾。猶天道之恆久運行。不可不自循其性情。無所違愆。皆必然而然者。否則其道一旦斷絕。而止息。是故。人道之成立通行。不可不近於自我性情。求其所由起焉。中庸曰。道自道也。子曰。道不遠人。人之爲道而遠人。不可以爲道。詩云。伐柯伐柯。其則不遠。執柯以伐柯。睨而視之。猶以爲遠。故君子以人治人。改而正。夫人道而外人性自我內容。而求之於客觀高遠之空理。非儒道實踐之本義也。天與天道。爲人性與人道所本。而人性人道之所以能完成之理想。亦唯求之於天與天道。則天與天道。謂爲人性人道之所以終始者。殆無不可。唯其所以原始也。故不可不循由而承繼之。唯其所以要終也。故足以爲理想。而法做之。非徒尊其所本。復歸天性之謂也。又非徒尚自然。縱任其性情之謂也。素行仁齋徂徠等。所謂古學派徒。力闢宋儒復性之說。其旨極切。而所論未暢。故後學猶或疑焉。嘗試究之。率性之率字。固有循由遵奉之義。而又含有領導帥律調節規正之意。決非盲從委隨放任之謂。說文。率捕鳥畢也。（按。畢。田网也。）象絲网。（按。借系爲義。以從爲象。系束線之形。古文作糸。）上下其竿柄也。（謂干形也。）朱氏通訓定聲曰。率又爲𨔼。𨔼先導也。經傳凡表𨔼字。師保則以師爲之。𨔼領則以率以帥爲之。小爾雅廣詁。率勸也。春秋元命苞。律之爲言率也。注。猶導也。荀子王霸論。一相以兼率之。注。領也。淮南時則。天子親率三公九卿大夫。注。使也。又爲帥。左桓二傳。藻率鞞鞛。服注。厰巾。又爲繂。禮記玉藻。士練帶率。注。繂也。又爲律。孟子。變其彀率。陸注。法也。又爲衛。衛將衛也。經傳皆以帥爲之。荀子富國。將率不能則兵弱。蓋所謂率性之道者。卽由人之天性。則故本利。孟子語。見上文。或順而發揮之。如孟子性善擴充之說。或正而化裁之。如荀子性惡化養之說。俱詳於下節。竟欲使完全其性格。而其中能得定立當行之道者。是也。毛詩大雅卷阿篇曰。豈弟君子。俾爾彌爾性。似先公酋矣。毛傳。彌終也。似嗣也。酋終也。鄭箋。樂易之君子來在位。乃使女終女之性命。無困病之憂。嗣先君之功而終成之。尙書召誥曰。節性惟日其邁。孔傳。時節其性。令不失中。則道化惟日其行。呂覽重己篇曰。節乎性也。高氏注。節猶和也。禮記王制曰。司徒修六禮。以節民性。由是觀之。率性之道。卽盡性遂生之道。亦誠正作爲經論之作用。實施於人格性情上者也。素行曰。人性以利爲本也。蓋人之知。度越萬物。故其慾心利心。亦度越萬物。好色者。必求天下美人。好聲者。必求天下美聲不盡其至美不饜。事父母君上。亦猶如此。必欲盡其至善而後已。聖人因天下人人心所同然。而立人道曰仁與義。欲天下人。止於此所同然。至善之地也。孔子七十從心所欲不踰矩。所欲之過者。失道。所欲之不及者。亦不得道。故必品節其性。使無過與不及。此之謂率性之道。非矯枉僞作之道。必基乎不得已之誠道。依乎好利害之情欲。品節而立之也。孟子性善之說。亦不過如是而已。讀居童問總之。率性之道。本乎人內部自然之天性。而成於外部人爲之修治。故曰修道之謂教。蓋人道之定立。循自然之人性。按天道之理想化裁品節。以完成之者。必待於外部教化修爲之力。而始能之。且其一旦旣能定立。而經時衰頹敗壞。亦或不免。所謂古先聖王之道。比比然也。此則必須後人教化修爲之力。治理而更張之也。

夫性。內本乎天然。教。外起乎人爲。率性之道。合外內天人之道也。故率性之道。乃誠道之緊切人格。進行實際者也。此道之更致實地踐履體當者。大學謂之格物致知。

性者本乎天然。而須順乎天。文言傳所謂後天而奉天時。是也。譬如六位時成。六爻唯其時也。其行之之道。中庸謂之誠身。

教者。起乎人爲。而能與天合一。文言傳所謂先天而天不違。是也。先天者。人意自由起發作爲之先於天然作用也。其行行之道。中庸謂之明善。

教亦政也。蒙卦彖傳曰。蒙以養正聖功也。惟政表而教裏。有政事處。先須有教事。政欲以正治事物。則必先教養。以振作其正治事物之基本。而爲之豫備。蒙卦彖傳曰。

山下出泉蒙。君子以果行育德。夫施行教化。啓蒙育德。以完成政事者。萬物中唯人足以當之。故教專行於人。而其結果效力。則可遠及於庶物。故先使人爲人。而後使物爲物。以完成人生與世界者。教之力也。坎卦象傳曰。水洊至習坎。君子以常德行。習教事。乾隆述義曰。始終如一。謂之常。一再不已謂之習。君子以之治己。則常其德行。如源泉混混不舍晝夜也。以之治人。則習其教事。如江海浸潤。有加無已也。坎剛中有德行象。水滋益物。有教事象。孟子曰。善政不如善教之得民也。又說滕文公曰。苟爲善。後世子孫必有王者矣。君子創業垂統。爲可繼也。若夫成功則天也。君如彼何哉。彊爲善而已矣。孔子曰。道之以政。齊之以刑。民免而無恥。道之以德。齊之以禮。有恥且格。蓋外政成物治人之道。唯由表面形式規制施行。不如先自明善於言行。使人觀感興起。遂至各自明善於言行。而日進於道。又藉此力。更使庶物變化盡性。自歸於正善。此乃循人物天性而盡之使人物自能順歸於正道。無倒行逆施之患者也。孟子論王道王政之基調。曰。不違農時。穀不可勝食也。數罟不入洿池。魚鼈不可勝食也。斧斤以時入山林。材木不可勝用也。五畝之宅。樹之以桑。五十者可以衣帛矣。雞豚狗彘之畜無失其時。七十者可以食肉矣。謹庠序之教。申之以孝悌之義。頒白者不負戴於道路矣。七十者衣帛食肉。黎民不飢不寒。然而不王者。未之有也。故王道誠正之實際。必以教養爲先。觀卦彖傳曰。大觀在上。順而巽。中正以觀天下。觀盥而不薦。有孚顒若。下觀而化也。觀天之神道。四時不忒。聖人以神道設教。而天下服矣。象傳曰。風行地上。觀。先王以省方觀民設教。六三爻辭曰。觀我生進退。孔氏正義曰。我生者。易生生之道也。九五爻辭曰。觀我生。君子无咎。象傳曰。觀我生。觀民也。正義曰。九五居尊。爲觀之王。四海之內。由我而觀。而教化善。則天下有君子之風。教化不善。則天下著小人之俗。故觀民以察我道。有君子之風著。則無咎也。觀民以觀我。故觀我卽觀民也。蓋言教道之推行。與自我人格之完成相關。必須上以誠身則於天。而下以明善施於人也。說文曰。教。上所施下所效也。桉。下所效卽所謂學之謂也。故禮學記言教學相長而成之。蓋修學育德乃所以能明善之實際也。故中庸言博學審問愼思明辨篤行。五者不可闕略。又曰。舜其大知也與。舜好問。而好察邇言。又曰。君子尊德性而道問學。致廣大而盡精微。極高明而道中庸。溫故而知新。敦厚以崇禮。皆言教學之道。待於研鑽體驗。而得其進德修業之實也。

第四節　道術體行實踐之法式

第一段　格致之道——誠身與明善——親民與明明德

誠道之實際。既由率性之道而行之。率性之道。更待格致之道。而得體行實踐。格致之道。大學所謂格物致知是也。格物致知者。人之知行共進。以收性教交涉之實之效者也。

格物之道。卽人格活動之力。自能來格萬物。而體之於身者也。體字有體來身體。（於身體之）體當體得。體行體到。體驗體究。體認等義。格物者。乃由自我之活動。以內外事物。實爲自我之有。能使與我合體而爲一也。中庸九經曰。凡爲天下國家有九經。曰修身也。尊賢也。親親也。敬大臣也。體羣臣也。子庶民也。來百工也。柔遠人也。懷諸侯也。論語。葉公問政。子曰。近者說。遠者來。孟子曰。子路人告之以有過則喜。禹聞善言則拜。大舜有大焉。善與人同。舍己從人。樂取於人以爲善。自耕稼陶漁。以至爲帝。無非取於人者。取諸人以爲善。是與人爲善者也。故君子莫大乎與人爲善。（與人爲善。言與人同爲善也。）曰。學問之道無他。求其放心而已矣。曰。行有不得者。皆反求諸己。曰。所以考其善不善者。豈有他哉。於己取之而已矣。曰。耳目之官。不思而蔽於物。物交物。則引之而已矣。心之官則思。思則得之。不思則不得也。凡吾人日常行動。可以得於心身者學問事業。身體力行。莫非格物也。郝京山曰。格。格天下之物也。大學成己成物。故終始格物。天下國家。跡心意知。總一物也。（大學解）孔子所謂仁遠乎哉。我欲仁斯仁至。孟子所謂萬物皆備於我者。皆格物之至也。

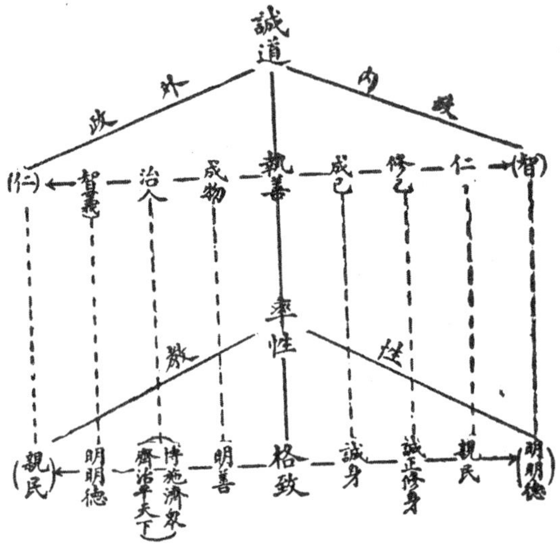

格字用例。如尚書。格汝舜。祖考來格。禮月令。暴風來格。毛詩。四海來假。（商頌玄鳥篇。鄭箋。假至也。釋文。假音格。孔正義假至釋詁文。假作格。音義同。）中庸引詩神之格思。不可度思。（大雅抑篇）論語。有恥且格。禮緇衣。民有格心。有遯心。鄭氏注曰。格來也。蓋言來歸爲一體。中庸所謂體物而不可遺者。是其義也。（鄭氏注大學格物亦曰格來也。）學記曰。

化民易俗。近者悅服。遠者懷之。此大學之道也。此明明言大學格物之義。表裏昭著者也。周易繫辭傳曰。近取諸身。遠取諸物。孔子曰。君子求諸己。小人求諸人。孟子曰。資之深。則取之左右逢其原。故君子欲其自得。大學曰。慮而后能得。中庸曰。君子無入而不自得焉。皆言其自我人格之力。於其自我之內外。牽引事物及事物之道理。來格而獲得之。體當資益使其自我內容。擴充誠正。以成合外內之大自我真自我也。故格物之格。唯待自我之人格活動於事物。體來之。體行之。體驗之。體致之。有精進不斷之努力而始能得之。孟子曰。欲常常而見之。故源源而來也。此之謂也。

物字用例。如詩烝民。有物有則。孟子曰。舜明於庶物。察於人倫。易家人象傳。君子以言有物。而行有恆。禮緇衣。言有物。而行有格也。祭統。夫祭者非物自外至者也。自中出。生於心也。中庸。成物智也。不誠無物。周禮有鄉三物。教之萬民。而賓興之。曰六德六行六藝。又有射五物。曰和。容。主皮。和頌。興舞。顏習齊。李恕谷。物徂徠等。俱斥宋儒格物窮理之說。乃以周禮鄉三物射五物。解大學格物之物。其意極善。顏李遺書。有恕谷稿大學辨業四卷。徂徠說見其大學解。實則格物之物。指萬物言。非止鄉三物與射五物也。大學。物有本末。事有終始。

鄭氏注曰。物猶事也。蓋世界一切事物。總言之曰物也。亭林曰。武王之訪。箕子之陳。曾子子游之問。孔子之答。皆是物也。惟君子爲能體天下之物。故易曰。君子以言有物。而行有恆。記曰。仁人不過乎物。孝子不過乎物。日知錄○四庫提要曰。炎武學有本原。博瞻而能通貫。每一事必詳其始末。參以證佐。而後筆之於書。故引據浩繁。而牴牾者少。非如楊愼焦竑諸人。偶然涉獵。得一義之異同。知其一而不知其二者也。黃汝成日知錄敍文曰。先生成書二百餘卷。閎廓奧曠。咸識體要。其言經史之微文大義。良法善政。務推禮樂德刑之本。以達質文否泰之遷嬗。錯綜其理。會通其旨。元明諸儒。其流失喜空言心性。凡講說經世之事者。則又迂執寡要。先生因時立言。頗綜嚴名實。意雖救偏。而議極峻正。直俟諸百世不惑。而使天下曉然於儒術之果可尊信者也。今茲格物二字。亦聖經微文。而儒術大義繫焉。先正有嚮導後學。豈可不講所以推達之道哉。晦庵讀格物二字。只謂我就事物而窮其理。竟不認自我活動體行。使事物來格於我之義。故至下文物格而后知至。不免主客顚倒。文義不順。而後儒亦襲習不怪者七百有餘年。只因先入爲主不自覺也。陽明乃以格字訓爲正。與孟子格君心之非同義。按格字亦有規正體來之義。凡吾人人格之活動作爲。學問事業。自能規正萬物。使其與我爲一體。則格字本義。卽規正事物。而體來之也。陽明又以格物爲行爲上事。與晦庵以爲知識上事不同。亦甚精當。不可渝。但格物之格。獨讀爲來格之格。不必讀爲正。與上文正心之正字重複。而正字之義。自在其中矣。（鄭注格物曰・其知於善深・則來善物・其知於惡深・則來惡物・言事緣人所好來也・孔疏曰・言善事隨人行善・而來應之・惡事隨人行惡・亦來應之・言善惡之來・緣人之所好也・按鄭孔所說・言辭不充備・故後儒徒費多方摸索・終無得一正解・然鄭氏意・實以其所來格事物・假值之等差・歸於人格活動之高下・是亦漢人之猶能保存古義・而不泥者也・）

大學曰。欲修其身者。先正其心。欲正其心者。先誠其意。欲誠其意者。先致其知。致知在格物。物格而后知至。知至而后意誠。意誠而后心正。心正而后身修。乃知格物之道。卽所以致知之道。而致知之道。卽所以誠意之道也。格物者吾人力行。以事物體得之也（所謂事物者・凡一切萬物・本質事理・俱在其內・下皆同此）致知者。乃以是體察體會。而認定之也。能格物以體得事物。卽能體認其事物。故曰致知在格物。乃知格物與致知二者二而一。可一言以蔽之曰體認。蓋吾人人格活動之力。果能體來事物。而體認之。卽得完全之知識。以成自我之內容。使世界萬物。（此所謂萬物・亦包有一切事物道理在內・）與自我共爲一體。無衝突。無矛盾。卽見渾然統一合理之生活。此渾然統一合理之生活。乃其自我之既能致知而活動者。而所謂誠意者。於是發作成立焉。然則致知者能令得合理知識生活之謂也。其能求得此合理知識生活者。無他。其自我或自我內容之活動。亦卽吾人所有之情意是也。換言之致知者。爲其自我欲誠其意也。既能致其知。則使其意自得所欲之誠也。析言之。致知者。能得誠之謂也。誠者。合理統一無矛盾之謂也。其所以能得此誠之主體。卽其所欲得此誠之意是也。所謂意者。自我內容情意活動之總稱。而其自所欲之意志爲之主。其發而顯者。卽作爲之活動。經綸之生活。八條目三綱領。皆由此始終。京山所謂意爲存誠動物之樞者。（大學解）其此之謂歟。大學本文。連用欲者字六。連用其字十一。貫通首尾。以指意情意之活動。人格之儼立。實儒道一脈生機之所傳。凡讀此書。於此輕輕看過。而偏求格物致知與誠意之義。於純理形式之上。鑿空彌縫。冀不陷入寂靜主義。亦不可得。安能期其經世實用哉。卽晦庵所謂天理道心虛靈本體之說。陽明所謂致良知之說。皆趨於過高之形而上學。反失儒道實際推行之中樞中核。於是別立致敬主之一方法。設知行合一之工夫。以欲資於實際體驗。而持儒道之面目。亦其不得已之苦心。學者不可不知也。

致字用例。如周易繫辭傳曰。探賾索隱。鉤深致遠。以定天下之吉凶。孔氏正義曰。物在深處。能鉤取之。物在遠方。能招致之。卜筮能然。繫辭傳又曰。負且乘。致寇至（此引解卦）

（六三爻辭）盜之招也。解卦。六三象傳曰。自我致戎。又誰咎也。禮記禮器篇曰。禮也者物之致也。又曰。致遠物也。論語。子夏曰。百工居肆。以成其事。君子學以致其道。孟子曰。天之高也。星辰之遠也。苟求其故。千歲之日至。可坐而致也。又曰。不之致而至者命也。周禮大卜。一曰致夢。小司寇。以致萬物而詢焉。由是觀之。致者引致也。招致也。（孔氏正義）說文。致送詣也。从夂从至。會意。蓋从夂者。見其曳曳徐至也。（說文・夂・行遲曳夂夂也・象人兩脛有所躧也・楚危切・）段注曰。夂猶送也。送詣者。送而必至其處也。然則致字有十分努力曳引。使事物必得到達其處之意。故致知者。謂自能十分努力牽引夫理想上完全之知識。而獲得之。又言其人自我十分努力牽曳。以內外萬物事理體會之。體認之。以整治其自我之內容。使得精誠合理。故曰欲誠其意者。先致其知。知至而后意誠。致者。我之使知至。不剩餘力也。至者。知之至於我無不盡也。晦庵以下諸儒。只以推極二字解致字。義未充備。（唯徂徠論語徵・於此義稍有發明可觀・）

格物致知者。凡吾人學問事業。語默動靜之間。其人格性情。全體活動。而知行共進修成之道也。亦即內外合一之關鍵。誠道發展轉進之基調。吾人行道成德之樞機也。唯其能格物致知。則內可以成乎身。外可以明乎善。誠身與明善。求心遠心。內外相依倚而成之矣。（上條格物夾注。康成所謂緣人所好來格善物惡物之說。可以參照。）夫中庸篇之豫道。爲一切道義成立不壞之相對上根本法式。而儒道據此相對上根本法式。而能推行其天人內外合一絕對之道於無窮者也。惟相對上之法式。推及之。遞進漸深。遂至誠明而極焉。故曰。在下位不獲乎上。民不可得而治矣。獲乎上有道。不信乎朋友。不獲乎上矣。信乎朋友有道。不順乎親。不信乎朋友矣。順乎親有道。反諸身而不誠。不順乎親矣。誠身有道。不明乎善。不誠乎身矣。誠者天之道也。誠之者人之道也。擇善而固執之者也。自誠明謂之性。自明誠謂之教。誠則明矣。明則誠矣。蓋凡事物。本末因果。互相豫想前定。求理想於現實之際。得現實於理想之中。上下內外自他天人。關係相依。以成立其事物全體焉。今所謂誠者天之道。此吾人所追求而豫定之理想也。誠之者人之道。擇善而固執之者。此吾人所體行而明善之實際也。明善行於教化之間。誠身求於性情之內。而性教二者。本是內外相待。而成立之。（見上節）則誠身與明善。亦不可不互相豫想前定。互相爲因爲果。依倚轉進。以成就其事物之一全體也。且夫誠身者。卽誠性之謂。亦盡心盡性之謂。大學所謂誠意正心修身之事屬此。明善者。卽明教之謂。亦行道修身之謂。大學所謂齊家治國平天下。論語所謂博施濟衆之事屬此。誠身有待於明善。猶成己待於成物。明善有待於誠身。猶成物待於成己。誠身內部工夫。終至於親民。亦猶成己內部工夫。終至於仁。明善外部之修爲。終至於明明德。猶成物外部方法。終歸於智（義）耳。義誠身惟成己之實際。親民惟仁之實際。故誠身之道。必由親民以及於明明德。一致而相成。亦猶成己之道。必由仁以及於智（義）。一致而相成也。明善惟成物之實際。明明德惟智（義）之實際。故明善之道。必由明明德以及於親民。一致而相成。猶成物之道。必由智（義）以及於仁。一致而相成也。

誠身之道。大學雖分誠意正心修身三目。而其要可以一誠字蔽之。卽使其內部情意。從於理性而活動。使其性格全體。合於理想而進修。以得合理統一之自我自體。是已。至其內部實際工夫。則學庸禮器荀子。不苟篇。皆以愼獨爲其第一緊要者。愼獨猶誠身。而其接觸內部自我。語義更覺親切。爾疋曰。愼誠也。王念孫曰。中庸之愼獨。亦當訓爲誠。經義述聞 徂徠曰。獨。不對人之辭。指己而言。非謂人所不知而已。所獨知之地也 學庸解・嚴正晦庵注也・荀子曰。善之爲道者。不誠則不獨。不獨則不形。不形則雖作於心。見於色。出於言民猶若未從也。雖從必疑。按。獨者。自我獨立。完成一體之謂專。舉個我而言。故荀子又曰。君子養心。莫善於誠。致誠則無他事矣。兪曲園曰。所謂獨者。卽無他事之謂。言不能誠實。則不能專一於內。不能專一。則不能形見於外也。諸子平議荀子又曰。君子至德。嘿然而喻。未施而親。不怒而威。夫此順命以愼其獨者也。天地爲大矣。不誠則不能化萬物。聖人爲知矣。不誠則不能化萬民。父子爲親矣。不誠則疏。君上爲尊矣。不誠則卑。夫誠者君子之所守也。而政事之本也。唯所居以其類至。操之則得之。舍之則失之。操而得之則輕。舉作容易也輕則獨行。自我絕對・獨立行動獨行而不舍則濟。正成萬物濟而材盡。長遷而不及其初。則化矣。盡性遂生・活動不已・由是觀之。愼獨之道。謂爲誠道之所終始亦可。而其工夫。必在內部自我之合理生活。故大學曰。所謂誠其意者。毋自欺也。如惡惡臭。如好好色。此之謂自謙。故君子必愼其獨也。曰。小人閒居。爲不善。無所不至。見君子而后厭然揜其不善。而著其善。人之視己。己卽其獨也・其自我也・如見其肺肝然。則何益矣。此謂誠於中。形於外。故君子必愼其獨也。曰富潤屋。德潤身。身卽自我全體之謂心廣體胖。德心・身體故君子必誠其意。中庸曰。道也者。不可須臾離也。可離非道也。是故。君子戒愼乎其所不睹。恐懼乎其所不聞。莫見乎隱。莫顯乎微。故君子愼其獨也。蓋誠身之工夫。其要先在日常生活。內部隱微之際。恐懼修省。愈求其自我之獨立完成。卽使自我奧底所藏情意之活動。愈歸於其深深之理性之統治。（理性卽孟子所謂義理之心。又所謂良心良知良能四端之心是。）以喚起其性情全體所理想參求之眞自我。於是騰閃之合體之。固守之。乃使日常生活。不致或自與此矛盾乖違也。否則其所謂自我者。只懸在虛妄假幻之中。畢竟不能保有其眞自我。必致前後支離。內外背反。矛盾衝突。終自解體消散。然則惟吾人日常生活。內心深深之愼獨。乃其自我所以益能得其堂堂之獨立。而彼外物所以亦益能致其昭昭之化成也。中庸曰。君子之道。闇然而日章。知遠之近。知微之顯。可與入德。詩云。潛雖伏矣。亦孔之昭。故君子內省不疚。無惡於志。又就既得愼獨之君子。舉其喜怒哀樂未發之中。（未發謂其未發於外部。非謂其未生起活動也。詳見第三段中和條。）以爲天下之大本。舉其已發之和。以爲天下之達道。而曰。致中和。天地位焉。萬物育焉。蓋吾人日常生活。自我內部心奧深深隱微之工夫。遠與天地萬物之位育相關。決非誇大虛張之言。詩云。池之竭矣。不云自頻。泉之竭矣。不云自中。（大雅召旻不自我先。不自我後。大雅瞻卬此之謂也。

中庸曰。君子不可以不修身。思修身。不可以不事親。思事親。不可以不知人。思知人。不可以不知天。天者天命之謂。孔子曰。不知命。無以爲君子也。知命以其所命知之。其所命卽性是也。故孟子曰。知其性則知天矣。蓋天者。吾人性情之所原始要終。故吾人尋其性情之所本原。必先於此求之。期其性情之所完成。亦唯於此望之。故果能知人之性情者。必知天。知天者。必知人之性情。知人之性情。則可得其所以事親修身之法式也。董子曰。天地者。萬物之本。先祖之所出也。廣大無極。其德昭明。歷年衆多。永永無疆。春秋繁露觀德篇。爲生不能爲人。爲人者天也。人之爲人。本於天。天亦人之曾祖父也。爲人者天篇。父者子之天也。天者父之天也。無父而生。未之有也。天也萬物之祖。萬物非天不生。獨陰不生。獨陽不生。陰陽與天地參。然後生。順命篇。天者羣物之祖。道之大原。出於天。天人之徵。古今之道也。人受命於天。因超然異於羣生。孔子曰。天地之性人爲貴。明於天性。知自貴於物。知自貴於物。然後知仁誼。知仁誼。然後重禮節。重禮節。然後安處善。安處善。然後樂循理。樂循理。然後謂之君子。故孔子曰。不知命亡以爲君子。此之謂也。

贊册　孟子又曰。盡其心者知其性也。蓋能傾注我心力於事物。而無所不至者。盡心之謂也。（盡心譬如用盡。孟子所謂四端之心。知性即如體悟仁義禮智德性之固有。）故盡心猶格物。知性猶致知。二者必共進而行。不能分離而獨成也。夫知天知人是所以知性之第一要義。而成誠身知誠上法式者也。事親是所以盡心之第一要義。而成誠身情意上實行者也。知識上法式。與情意上實行。相依。而後能遂行誠身之道。故唯能盡心事親者。即爲能知天人之性情者也。

程明道曰。性命孝弟。只是一統底事。就孝弟中。便可盡性至命。如灑掃應對。與盡性至命。亦是一統底事。後來言性命者。別作一般高遠說。（伊川作明道行狀。）董子曰。爲人君者。謹本詳始。敬小愼微。何謂本。天地人萬物之本也。天生之。地養之。人成之。天生之以孝悌。地養之以衣食。人成之以禮樂。三者相爲手足。合以成體。不可一無也。無孝弟則亡其所以生。無衣食則亡其所以養。無禮樂則亡其所以成也。三者皆亡。則民如麋鹿。各從其欲。家自爲俗。父不能使子。君不能使臣。雖有城郭。名曰虛色。如此者。其君枕塊而僵。莫之危而自危。莫之喪而自亡。是謂自然之罰。自然之罰至。裹襲石室。分障險阻。猶不能逃之也。明主賀君。必於其信。是故肅愼三本。郊祀致敬。共事祖禰。舉顯孝悌。表異孝行。

所以奉天本也。秉耒躬耕。采桑親蠶。墾草殖穀。開闢以足衣食。所以奉地本也。修孝悌敬讓。明以教化。感以禮樂。所以奉人本也。三者皆奉。則民如子弟。不敢自專。邦如父母。不待恩而愛。不須嚴而使。雖野居露宿。厚於宮室。其君安枕而臥。莫之助而自強。莫之綏而自安。是謂自然之賞。自然之賞至。雖退讓委國而去。百姓襁負其子。隨而君之。君亦不得離也。故以德爲國者。甘於飴蜜。固於膠漆。是以聖賢勉而崇本。而不敢失也。（立元神篇）夫知天者。必欲奉承其所命而擴充之。孟子曰。存其心。養其性。所以事天也。果能事天者。必能事親。事親乃所以事天也。故誠身之道之遂行以事親爲先。孟懿子問孝。子曰。無違。樊遲曰。何謂也。子曰。生事之以禮。死葬之以禮。祭之以禮。曾子曰。愼終追遠。民德歸厚矣。孟子曰。養生喪死無憾。王道之始也。蓋事親者。亦實仁道之大端大本也。故中庸曰。修身以道。修道以仁。仁者人也。親親爲大。孟子曰。親親仁也。仁之實事親是也。孰不爲事。事親事之本也。有子曰。孝弟也者。其爲仁之本歟。孝經曰。先王有至德要道。以訓天下。民用和睦。上下亡怨。夫孝德之本也。教之所繇生也。愛敬盡於事親。而德教加於百姓。刑於四海。呂刑云。一人有慶。兆民賴之。資於事父以事母。其愛同。資於事父以事君。其敬同。故以孝事君則忠。以弟事長則順。忠順不失。以事其上。夫孝。天之經也。地之誼也。民之行也。天地之經。而民是則之。則天之明。因地之利。以訓天下。天地之性人爲貴。人之行莫大於孝。孝莫大於嚴父。嚴父莫大於配天。親生毓之。以養父母日嚴。聖人因嚴以教敬。因親以教愛。聖人之教不肅而成。其政不嚴而治。其所因者本也。父子之道天性也。君臣之誼也。父母生之。續莫大焉。君親臨之。厚莫重焉。不愛其親而愛他人者。謂之悖德。不敬其親而敬他人者。謂之悖禮。以訓則昏。民亡則焉。孝子之事親也。居則致其敬。養則致其樂。疾則致其憂。喪則致其哀。祭則致其嚴。五者備矣。然後能事親。事親者。居上不驕。爲下不亂。在醜不爭。孝弟之至通於神明。光於四海。亡所不暨。生事愛敬。死事哀戚。生民之本盡矣。死生之誼備矣。孝子之事終矣。蕃山曰。易宜近觀之。孝經宜高觀之。蓋易天道也。依天地而發明道德。故語勢幽遠。善觀之者。近取諸身。以合於人道也。孝經人道也。就人倫而教道德。故語勢親切。善學之者。不以辭之近。失旨之遠。乃合於天道也。易之所歸。在人之德行。人之德行。莫大於孝矣。熊澤氏集義和書卷八。禮記郊特牲曰。萬物本乎天。人生本乎祖。此所以配上帝也。郊之祭也。大報本反始也。祭義曰。郊之祭。大報天而主日。配以月。曾子曰。未有君而忠臣可知者。孝子之謂也。又曰。忠者其孝之本歟（大戴禮）蓋忠者中心誠實之謂也。忠孝一本於中心之誠實。中心之誠實者。卽所謂愼獨工夫所得。乃內部真我之活動是也。皐陶謨曰。都。愼厥身。修思永。惇敍九族。庶明勵翼。邇可遠在茲。蓋事親之道。卽事君之道。亦親九族親萬民之道也。其實一在吾人內部真我之發動。內部真我之發動。於家則事親。於國則事君。於社會則親九族。遂推而遠至親天下萬民。故大學言親民。禮記哀公問言成親。皆言其修德修道。必近事親。以遠至親民。而始見其內部愼獨誠身之大成功也。中庸曰。君子之道。辟如行遠。必自邇。辟如登高。必自卑。詩曰。妻子好合。如鼓瑟琴。兄弟旣翕。和樂且耽。宜爾室家。樂爾妻帑。子曰。父母其順也乎。孟子曰。堯舜之道。孝弟而已矣。季康子問使民敬忠勸。如之何。子曰。臨之以莊則敬。孝慈則忠。舉善而教不能則勸。王引之曰。賈誼道應訓云。親愛利子謂之慈。子愛利親謂之孝。孝慈不同。而同取愛利之義。故孝於父母謂之孝慈。內則。子事父母。慈以旨甘。孝經。慈愛恭敬是也。子愛利其親謂之孝慈。表記。子曰。威莊而安。孝慈而敬。使民有父之尊。母之親。（經義述聞）劉寶楠曰。荀子大略篇云。禮也者。

老者孝焉。幼者慈焉。祭義云。先王之所以治天下者五。貴老爲其近於親也。慈幼爲其近於子也。貴老是孝。故又云至孝近乎王。雖天子必有父。魏書甄琛傳云。慈敬愛民曰孝。論語正義黃鶴曰。祭統。孝者畜也。疏。畜養其親。閒居以畜萬邦。注畜訓爲孝。孝與畜古音義同。故釋名云。孝好也。淮南高注。畜好也。又曰左傳。上思利民。忠也。君於民。既可言忠。則言孝亦無妨也。四書異同商併諸家所說。足以觀孝道之有普遍性也。夫孝悌忠信。事親齊家。卽治國平天下之本也。故吾人親民成仁之基調。先在家族親親之道。而欲推此親親之道。以至社會世界萬民編親之。雖有遠近厚薄之別。而通天下萬民。必無所不親而後已。故親之一字。於誠身之工夫。格致之實際。王道之推行。關係綦重。大學之在言其在親民非偶然也。而後儒動輒據一家之私見。縱行予奪。徒競新奇眩耀於時。西河大學證文曰明道本既改本文親民二字作新民按明刻覆宋本二程全書。第四十六經說五。載明道改正大學。未改親民二字。西河所見。別有一本歟。伊川本則本文親字下。夾注當作新三字。按今晦庵章句本從伊川注之。其意蓋謂下文引湯銘康誥及詩。皆有新字。正是專釋此新民一句者也。於是改編經文。分章相屬。遂至補竄致知格物一章。其任意妄作。已經陽明一齋諸家指斥。不待復辯。一齊佐藤氏。大學一家弘言曰。大學一書。幸而得宋儒而始顯。又不幸而得宋儒而始厄。與其始顯輒厄。寧不顯而不厄之爲愈。嗚呼世孰有能竭力拯其厄者乎。有則聖門之干城也。獨怪錦城負其博通之才。事事駁正程朱闕點。而唯於此新之一字。乃尊程氏爲千古卓見。推服不措。大學原解予予至是益知先入爲主之害大也。夫親新二字。俱託其聲於亲字。古時往往通用。就董子繁露三代改制質文篇。史遷史記孔子世家。併觀可知春秋公羊學家。好新奇爲可怪之說。意在辯護革命。潤色新政。乃以公羊傳所謂新周。與史記所謂親周二語。同視爲一事。專據新字以立其說。夫新周者。指洛陽新周之地言之。親周者。言孔子作春秋。雖據魯史記。而猶稱周王。以親於周也。二者區別瞭然。不可牽强附會。陳蘭甫讀書記。已善辨此義矣。孟子說滕文公一節其上文先言學則三代共之。皆所以明人倫也。人倫明於上。小民親於下。乃至於下文。引詩言周雖舊邦。其命維新。文王之謂也。子力行之。亦以新子之國。必據下文以合於上文。如程朱所做。則此上文民親之親字。亦將改作新字。而厭後心理之悖。弗思甚也。

親字。古文作親。小篆作親。說文。親至也。从見亲聲。段茂堂曰。至部曰。到者至也。到其地曰至。情意懇到曰至。父母者情之最至者。故謂之親。竹山翁曰。親者慈眼諦視。故从見。古文以見其意。（漢字諺解）桉。親有盡心親愛接近親比結合之意。廣雅親近也。周易雜卦傳。同人親也。禮記大傳。親屬也。孟子。人之親其兄之子趙氏注。親愛也。呂覽貴信篇。不能相親高氏注。親比也。周易比卦象傳。地上有水比。先王以建萬國親諸侯。晉語。親。民之結也。釋名。親櫬也。由是觀之。親民者。博愛之實際。必欲親比萬民。而結合之以爲一體也。墨氏兼愛普徧之義。與此無異。但儒道所謂親民成仁者普遍之中。含有特殊。無差別之中。包有差別。中庸曰。仁者人也。親親爲大。義者宜也。尊賢爲大。親親之殺。尊賢之等禮所生也。故親民之實際。必有遠近親疏上下輕重之等差。使各自得其宜。而後其道能普遍萬民。無所不及。猶彼成己之道由仁。而仁道之實際。必待於義而成之。（參照第二節）孟子曰。仁者無不愛也。急親賢之爲務。堯舜之仁。不偏愛人。急親賢也。又曰。君子之於物也。愛之而弗仁。於民也。仁之而弗親。親親而仁民。仁民而愛物。可以見仁愛之由差等而盡之者矣。總之。格致誠身之道。周非幽獨孤懸之生活所能得。必待人間親比之道而成之。人間之親比之道。乃社會結合生成發展之樞紐也。其意固在一視。同仁無差別。而實則必待等差之明辯。施行之適義。而始完成之。故人人必親其親。君其君。國其國。而後仁德粲然。明於天下。此所以誠身親民之道。必與明善明明德之道。表裏內外。相輔相依。而成就之也。

誠身內部之工夫。唯待明善外部之修爲。而完成之。明善者。以內部德性。顯明於外部之善言善行也。中庸所謂誠身有道。不明乎善。不誠乎身者是也。禮器以外心樂發。與內心愼獨。相對言人。唯外心樂發者。而始可以見內心之愼獨。愼獨之功。不能唯在內部孤獨之生活成之也。禮器又曰。大備盛德。措則正。施則行。言唯外部行動作爲。改過遷善。能合於正義者。而始見其德性之盛備。愼獨之成功也。故又曰。忠信禮之本也。義理禮之文也。蓋內部忠信之存立。與外部義理之實踐。表裏相成。未有內外相反相離。而獨自成者也。文言傳曰。君子進德修業。忠信所以進德也。修辭立其誠。所以居業也。夫明善者。吾人日常誠身生活不得已之事業也。遏惡揚善。博施濟衆。作新民。作新國。凡大學所謂齊治平天下一切種種經綸修爲之事業。必依禮之秩序之美。以表章之。顯明之。如此者。乃已進入大學所謂明明德之實際境域者也。堯典曰。欽明文思安安。允恭克讓。先被四表。格於上下。克明峻德。以親九族。九族既睦。平章百姓。百姓昭明。協和萬邦。黎民於變時雍。平章今文作辯章。又作辨章。鄭氏曰。辯別也。章明也。百姓羣臣之父子兄弟也。言其峻德之化。能昭明臣民。使之各守其職分。盡其義務。無一不得其正義也。蓋親民之實際。必在明善而見之。明善之成功。必待明明德而得之。明明德於天下者。大學首領之道也。鄭注曰。明明德謂顯明其至德也。孔正義曰。言大學之道。在於章明己之先明之德。謂身有明德。而更章顯之。兩明字。猶明善之明也。明德者。能明善之德。君子誠身者之所得。爲理想上之令德。亦古先聖王所有也。明德與明命。有所通同。而又有差異。明德以成立之道德言。明命以天授之性命言。人之道德。雖由天賦之性命成立之。然天賦之性命。未可直言道德也。此義學者多惑。以仁齋先生之善辨。猶未之詳明。況其他乎。更須參照下文。其能由善言善行。以此明德明明實現於天下特殊萬物之上。使之仰觀感化。移風易俗。各得其宜。無一不被其明德之布施者。此之謂明明德也。故上明字之義。亦在使天下事物。一一各歸於執。而完成其自體也。卽必事其事。物其物。人其人。萬殊羣品。發揮特色。粲然著顯。各自盡其性。而遂其生。而後已。此乃明明德之真諦。而明善之實效。親民之明徵也。然其使人人各自完成其自體者。則亦必待於人人內部愼獨之工夫。而始能之。故明明德者。又必使人人各自得其愼獨誠身之道。而後已。亦必使人人各自知性盡心。以行其事親親民之道。而後已。大學曰。康誥曰。克明德。大甲曰。顧諟天之明命。鄭注曰。顧顧念也。諟猶正也。陳天祥四書辨疑曰。諟訓理也。正也。諦也。審也。曲閩四書辨疑惑辨曰。諟正也。亦與定字通用。見左傳成十三年劉子定命之語。又其禮記異文箋曰。周易未濟有孚失是。虞注。是正也。蓋是字從正。故有正義。作諟作題。並即是字耳。見春在堂全書。帝典曰。克明峻德。皆自明也。鄭注曰。皆自明明德也。校明命亦可以明善之性命。天之所賦。如孟子所謂良心良知良能四端之心是也。人人自具有此明命。而自可以明顯善言善行。又可以成就明德。故曰自明也。此與中庸云道自道也同。皆謂明善成德。亦必從其自我內部天性中深深懷獨之工夫起。而發顯於社會天下之廣也。周易比卦六二爻辭曰。比之自內。貞吉。象傳曰。比之自內。不自失也。孟子曰。人人親其親。長其長。而天下平。又曰。日月有明。容光必照。又曰。源泉混混。不舍晝夜。盈科而後進。放乎四海。有本者如是。此皆可以審吾人道德內外顯微。依倚並行之義也。大戴禮王言篇曰。道者所以明德也。德者所以尊道也。京山曰。道不離經世。學不越事物。明明德實地也。自晦庵一以復性本體之說。解明明德之義。而後學者相率失其實地。偏向內部。而摸索於虛靈空理之中。至於藕益以明明德爲自覺。以親民爲覺他。以止至善爲覺滿。以述其直指見性之義。而後世之俊秀。亦或一知半解。轉喜其灑脫妙悟。而不自覺其日遠於儒道經世濟民之實地也。左傳襄公二十六年曰。晉君宣其明德於諸侯。定公四年曰。昭周公之明德。周易晉卦象傳曰。明在地上。晉。

君子以自昭其明德。此皆其不離實地者。可以觀古人用語之本義矣。明明德用語例。詳見錦城大學。

原解・秦蕙田五禮通考。嘉禮設官分職。地官司徒。引方苞曰。以地官掌教者。禮官所教秀民而已。土地人民。皆隸於地官。而親民之吏屬焉。必地官掌教。乃能盡天下之人。無一不教。古之聖人。所以務明明德於天下。而非漢唐之治所及也。陳傅良曰。地官掌教最難曉。以屬官考之。自鄉師至比長。自遂人至鄰長。皆鄉遂之官。自封人至充人。皆疆場畜牧之官。自載師至均人。皆掌財賦征役之事。自司市至泉府。皆掌市井。自司門至掌節。皆掌門關。自旅師草人稻人虞衡。以至掌染草炭荼蜃極於場人囿人。無非山林川澤田疇之官。所謂教官者。師氏保氏司陳司救調人鼓人。不過六七而已。當時謂之教典。何也。先王教民。自經界始。八八爲井。五五爲軍。市有奠居。里有聯比。無非習民於正。而寓之以道德之意。俾之分定而慮不易。事同而心臧。生厚而德正。易直而淳龐。以服從上令。是曰教典。師保陳救調媒之官。則導孅惡。訓禮行。判合婚冠者也。而豈徒謂是哉。豳詩述風化之由。孟子言王道之本。無非田圃之事。誠知本者也。參照第四段 李光地曰。大司徒主於教民。然教民者。以養民爲本。故自土地田野之事。賦稅兵庫之政。皆司徒掌之。蓋古者養卽爲教。教卽爲養。養教不相離。非如後世之截然爲二物也。柭以上秦氏所舉諸說。皆足爲政教一致。親民與明明德並行實地之明徵者也。

第二段　止至善之道

止至善者。誠道執善之實地。自我格致活動中樞之所確立。亦彼明明德親民之所歸趣也。明明德是智義之實。親民是仁之實。則止至善是勇之實也。惟有此勇。止于至善之實。故能使他二者。步趨進行。著實安定。不至於汎濫無所統一也。亦惟有此自我中樞執善確立實地之力。故能使吾人生活踐履實地。進退有度。操守有常。成品性。立人格。以維持其所作成人生世界。而無傾覆放失之患也。

止者。周易艮象也。艮卦彖傳曰。艮止也。時止則止。時行則行。動靜不失其時。其道光明。艮其止。止其所也。蓋言其止於當止處也。故乾卦初九潛龍。九二見龍。九三乾乾。九四或躍。九五飛龍。上九亢龍有悔。孟子曰。治則進。亂則退。伯夷也。何事非君。何使非民。治亦進。亂亦進。伊尹也。可以仕則仕。可以止則止。可以久則久。可以速則速。孔子也。柭。孔子之仕止久速。皆其止于至善也。公孫丑問曰。伯夷伊尹於孔子。若是班乎。孟子曰。否。自生民以來。未有孔子也。曰。然則有同歟。曰有。得百里之地。而君之。皆能以朝諸侯。有天下。行一不義。殺一不辜。而得天下。皆不爲也。是則同。又曰。非禮之禮。非義之義。大人弗爲。無爲其所不爲。無欲其所不欲。如此而已矣。於不可已而已者。無所不已。人有不爲也。而後可以有爲。孟子之學。出於思曾。其說不動心之道。曰。昔者曾子謂子襄曰。子好勇乎。吾嘗聞大勇於夫子矣。自反而不縮。雖褐寬博。吾不惴焉。自反而縮。雖千萬人吾往矣。孟施舍之守氣。又不如曾子之守約也。曾子嘗誦易艮象傳君子以思不出其位一語。見論語。蓋其爲人。意志極剛。而其平生亦深有得於艮止之義。其守約行義。弘毅重任之道。皆基乎此。晦庵曰。曾子壁立千仞底人。語類 此乃大學一書。與曾子學風。關係之可推求者也。

止至善之要。固通內外生活言之。誠身明善之際。親民明明德之地。凡其心之所盡。身之所處。莫不皆然。大學引詩邦畿千里。惟民所止。緡蠻黃鳥。止於丘隅。穆穆文王。於緝熙敬止。略解止字義。又如云爲人君止於仁。爲人臣止於敬。爲人子止於孝。爲人父止於慈。與國人交止於信。皆就吾人生活作爲上主要顯著之時地。舉其至善可止之德目。固不可不重視者也。然吾人所住環境之多種多樣。不可勝數。於是。孔子先示止至善之一般法式。曰克己復禮。復者反復履行不離也。又舉其要目曰。非禮勿視。非禮勿聽。非禮勿言。非禮勿動。蓋確守外部發作之軌道也。大學乃提其內部工夫之要諦曰。知止而後有定。定而後能靜。靜而后能安。安而后能慮。慮而后能得。此言吾人動作先宜認定至善可止之地。（即目的地）句往不惑。誠意正心。靜察熟慮。擇善固執。而後身能履行其至善之地。一軌反復。以得確然無逸也。姚際恒用佛典解之曰。知止而后有定。因戒生定也。定而后能靜。以至安而慮。因定發慧也。般若婆羅密者。般若智慧之謂。婆羅密到彼岸之謂。言惟一智慧。而直可到彼岸。此即知止以至能得之義。故大學者。不過古代禪學之書而已。（禮論）按。戒定慧之解。辭意甚似。而於能得二字之說。其義始見大差焉。蓋知止一段。直接上文在止于至善句。專述自我活動。對於至善目的。統一其意識內容之工夫。即亦主示自我誠意實地之工夫也。故其所謂定靜安慮。亦皆以此意志活動之力行之也。故其結末所謂能得者。亦言其意旣誠。擇善固執。能得行道不迷。行道不迷。即是實地能得止于至善者。其義略與中庸愼思明辨篤行一段相合。豈獨一知慧之事哉。京山曰。慮者慮天下之物也。心意知物四者一聯。離意求知。則墮枯槁。離知求物。則成支離。人心之知。與物相通。惟意。意所以能格物。惟誠。可謂善解矣。

今試取一實例於孟子書。以注明止至善實際際道。如下。曰。滕定公薨。世子謂然友曰。昔者孟子嘗與我言於宋。於心終不忘。世子曾將之楚。過宋而見孟子。孟子道性善。言必稱堯舜。至今世子不忘於心。是其自我活動。擇善固執。必有事焉。而至誠不息者也。今也不幸。至於大故，吾欲使子問於孟子。然後行事。是知止于至善。而向往之。格物致知。努力不倦也。然友之鄒。問於孟子。孟子曰。不亦善乎。先許其可能止于至善也。親喪固所自盡也。自盡。自我盡心也。言事親是親民之本。而仁之實。世子先宜誠身慎獨。為之盡其自我性情之作用也。曾子曰。生事之以禮。死葬之以禮。祭之以禮。可謂孝矣。惟事親行禮。所以明善明明德於外。而誠身以自盡於內也。諸侯之禮。吾未之學也。雖然。吾嘗聞之矣。三年之喪。齊疏之服。飦粥之食。自天子達於庶人。三代共之。皆所以明明德之道也。然友反命。定為三年之喪。知止而后有定也。父兄百官皆不欲。曰。吾宗國魯先君莫之行。吾先君亦莫之行也。至於子之身而反之。不可。且志曰。喪祭從先祖。見其親民明明德之不易行也。曰。吾有所受之也。世子言之。以明其非臆見。是亦其能擇善固執。知止而有定者也。謂然友曰。吾他日未嘗學問。好馳馬試劍。今也。父兄百官。不我足也。恐其不能盡於大事。子為我問孟子。兩我字。一盡字。承上文自盡二字。是其誠身慎獨之工夫所在。卽亦其定靜安慮之實地也。然友復之鄒。問孟子。孟子曰。然。誠者合外內。世子能之。不可以他求者也。世子自我誠身愼獨之外。別無明善之道。又無至善可止之地。孔子曰。君薨。聽於冢宰。歠粥面深墨。卽位而哭。百官有司。莫敢不哀。先之也。先誠身事親。而可以親民。上有好者。下必有甚焉者矣。君子之德風也。小人之德草也。草尚之風必偃。親民待於明明德。是在世子。此道唯在世子自我之誠爲自我也。是亦承上文自盡言。然友反命。世子曰。然。二人由誠。一致合體。是誠在我。自我愼獨之至。始得獨立之眞自我矣。五月居廬。實得止于至善之地。確乎不可拔也。未有命戒。百官族人。可謂曰知。說文。可肯也。知言致知之至也。及至葬。四方來觀之。見其格物親民之至也。顏色之戚。哭泣之哀。弔者大悅。是誠身親明明德之實際。格物致知之明徵。內外自他一致合體。各有所得也。

吾人日常生活作爲。語默動靜。必欲止于至善。而能無過與不及之患者。更以簡明切實之語。表示其道。曰中庸。

第三段　中庸之道——中與和——忠恕與絜矩——樂與禮

中庸之道。乃吾人日常生活。應接事物。所必據以便其作爲經綸。得止于至善者也。

周禮大司樂。以樂六德教國子。曰中鄭注。獨忠也。和剛柔適也。祗敬也庸有常也。孝善父母也。弟善兄弟也。也。

此以中與庸。各爲一德也。其連此二字。以成一語者。始見於論語。徂徠曰。此亦蓋古之法名。非孔子所刱也。（中庸解）至子思。更多引孔子語。以闡明其性質意義。終以爲儒道推行實踐之要樞。子曰。人皆曰。予知驅。（徂徠斷句）而納諸罟獲陷阱之中。而莫之知辟也。人皆曰。予知擇乎中庸。（斷句）而不能期月守也。蓋擇守中庸之難。猶擇善固執。止于至善之難也。其能擇而守之者。卽所謂慮而後得止于至善者也。子曰。回之爲人也。擇乎中庸。得一善則拳拳服膺。而弗失之矣。蓋其必擇乎中庸者。卽欲實得善言善行。而常止於此耳。

中庸者何。子曰。道之不行也。我知之矣。知者過之。愚者不及也。道之不明也。我知之矣。賢者過之。不肖者不及也。人莫不飲食也。鮮能知味也。子曰。道其不行矣夫。概而言之。所謂無過與不及者。卽爲中庸之道也。所謂知愚賢不肖。不過舉例示之。惟知者賢者。爲世之先賢覺。而不得中庸之道。則殊多誤事。故特舉之耳。

夫無過與不及之道。何以名之曰中庸哉。子曰。舜其大知也與。舜好問。而好察邇言。隱惡而揚善。執其兩端。用其中於民。其斯以爲舜乎。蓋中庸者。所謂用中之意。與周易用九用六。共爲儒道之三大作用。而伏羲堯舜以來相傳之要諦。貫通古今。徹上徹下。不變不動。至極之範疇也。周易二五時中之義。彖傳發明之詳矣。論語堯曰。咨爾舜。天之歷數在爾躬。允執其中。四海困窮。天祿永終。舜亦以命禹。禹所傳即在洪範。建用皇極。大中至正之道。殷周相承不失。孟子曰禹惡旨酒而好善言。湯執中。立賢無方。文王視民如傷。望道而未之見。武王不泄邇。泄漏也。不忘遠。周公思兼三王。以施四事。其有不合者。仰而思之。夜以繼日。幸而得之。坐而待旦。孔子曰。不得中行而與之。必也狂狷乎。狂者進取。狷者有所以不爲也。孟子引此語。中行作中道。而曰。孔子豈不欲中道哉。不可必得。故思其次也。

中道之用。非特帝王所必要。亦一般人民日常不可缺者也。孟子曰。中也養不中。才也養不才。故人樂有賢父兄也。賢謂中而有才。如中也棄不中。才也棄不才。則賢不肖之相去。其間不能以寸。言相去不遠也。

嘗試考中庸字義。說文。中和也。从口丨下上通，鍾鼎古文。或作□。象中侯射鵠之形。又作□。朱允倩曰。旁形彡蓋象置矢形。說文。庸篆文作□。用也。从用从庚。庚更事也。

允倩曰。庚猶續也。事可施行謂之用。行而有繼謂之庸。桉庚字說文作𢆉。位西方。象秋時萬物庚庚有實也。竹山翁曰。古文作𢆉作𢆉又作𢆉。字从木。象形。作意與戊字相似。戊小篆作戊古文作𢦗从木丫丫象枝葉繁茂。或省作戊稍類戈形。說文以爲中宮象六申五龍相拘繞。非也。桉用字小篆用。古文用。又作用。說文曰。可施行也。从卜中。衞宏說。段茂堂曰。卜中則可施行。故取以會意。竹山翁曰。中當兼聲。總之。中者中央也。又中於目的也。用者必期中於目的。而施行也。易道之本質。唯潛在其活動之作用。故曰藏諸用。卽如其大衍之用。九六之用。剛中柔中之用。前民之用。（是與神物以前民用。）百姓不知之用。（百姓日用而不知。）制法之用。（制而用之謂之法。）神致之用。（精義入神以致用也。）皆與中庸之用。一其致者也。庸者。卜中施用。繼續不絕也。故庸訓爲常。或爲凡庸。皆引申之義。世多取此引申之義。卽以庸爲平常。爲凡庸。遂與道家無爲治平之思想結合。此說。乃以是視爲爲政之要道。此唯可藉以爲一時制止暴政之方便。非字本義爲然也。繫辭傳曰。繼之者善也。中庸之所以能得止於至善者。以其必繼續用中，經久不絕也。唯其繼續用中。經久不絕也。故又可以積善積德。以成就身世家國。而恒久存在。不致亡失也。繫辭傳又曰。善不積不足以成名。惡不積不足以滅身。小人以小善爲無益。而弗爲也。以小惡爲無傷。而弗去也。故惡積而不可掩。罪大而不可解。坤卦初六文言傳曰。積善之家。必有餘慶。積不善之家。必有餘殃。臣弑其君。子弑其父。非一朝一夕之故。其所由來者漸矣。由辨之不早辨也。易曰履霜堅冰至。蓋言順也。乾九二文言傳曰。龍德而正中者也。庸言之信。庸行之謹。閑邪存其誠。善世而不伐。德博而化。易曰見龍在田。利見大人。君德也。可以見中庸之庸。亦不外乎誠道繼續實在不已之義也。

中庸之道。亦率性之道也。不可離自我性格而求之。子曰君子居易以俟命。小人行險以徼幸。射有似乎君子。失諸正鵠。反求諸其身。又曰。道不遠人。人之爲道而遠人。不可以爲道。執柯以伐柯。睨而視之。猶以爲遠。又曰。庸德之行。庸言之謹。有所不足。不敢不勉。有餘不敢盡。言顧行。行顧言。君子胡不慥慥爾。於是。中庸之道。又有內外切實之工夫。中和忠恕絜矩之道是也。夫希臘亞氏。有中行說。印度龍樹。有中觀論。中觀者。純在認識思惟上立言。則其義與我所謂中庸有大差。固其所矣。中觀論。標立八不。（不生亦不滅。不常亦不斷。不一亦不異。不來亦不出。）以破有無空假之偏見。息一切不八之戲論。而合歸於眞空實有之中道正觀。得入第一義諦。菩薩行。參考吉藏疏。〇參照第四段五論條。

至亞氏中行。則吾人日常生活實地踐履上。必期取事物中間之道。而進行之。不至偏於兩端。其意略同中庸之道。而中庸之道。更含有中和忠恕絜矩之精義。必歸於時中之妙諦。（參照第四段權度條。）其深奧宏達。遠非亞氏中行說所能及也。

夫愼獨致誠之君子。必脩其身。而能得率性之道。內能致誠於性。外能明善於行者。是其內部性情。與外部行事。各得調和。互成順應。使其自我與世界。調和暢達。以能盡性遂生。而無礙。此之謂中和之道。中庸首章。先提性道教三者。舉愼獨之君子。乃直接之曰。喜怒哀樂之未發。謂之中。發而皆中節。謂之和。中也者。天下之大本也。和也者。天下之達道也。致中和。天地位焉。萬物育焉。蓋中者中正也。內部性情。未發顯於外部時。能得其統一調和者。是乃愼獨君子之心意狀態也。亦其自我內容之獨立成體也。此中正無邪之性情。實爲其觸著外部。以作爲事物經綸世界之基調。故曰。中也者天下之大本也。和者。調和也。內部中正無邪之性情。發動於外部。接觸事物。亦皆能得調和適應。使其自我與外物。共達其盡性遂生之道。廣推及於世界萬物。故曰和也者天下之達道也。蓋中者。性情在內得和。如七情之調節（七情者。禮運曰。何謂人情。喜怒哀樂懼愛惡欲。七者。弗學而能。）故曰未發。和者。性情在外得中。如動作之合禮。故曰中節。在內者。隱微難知。在外者。顯著可見。雖差異如此。而皆就吾人性情作用了狀態立言。則一也。後儒或兮解性情。謂未發之中。是惟有性。而無情之狀態。卽惟一理性是已。程朱二氏。發其緒論。象山一派。心卽理之說。亦與此並起。終有傳道唯心唯理。極端之論。殆與佛學無差。皆非中庸之本義。又非儒道之正脈也。至淸中葉。彭尺木羅臺山龔定庵魏然深輩。沈溺佛說。及其末造。又有譚壯飛。章太炎等徒以其泛濫之學。鼓動一時之思潮。求其歸趣。混沌茫漠。獨立思想之衰頽。至是而極。殆與六朝及羅馬末造相齊。學者不可不知其所由來也。夫性情之中正調和者。理性與感性。（情意）闕其一而不可成之。無理性。則不能整治其形式而統一之。無感性。則不能充實其內容。而活動之。二者相待。而後其自我能獨立成體於內部。而發展

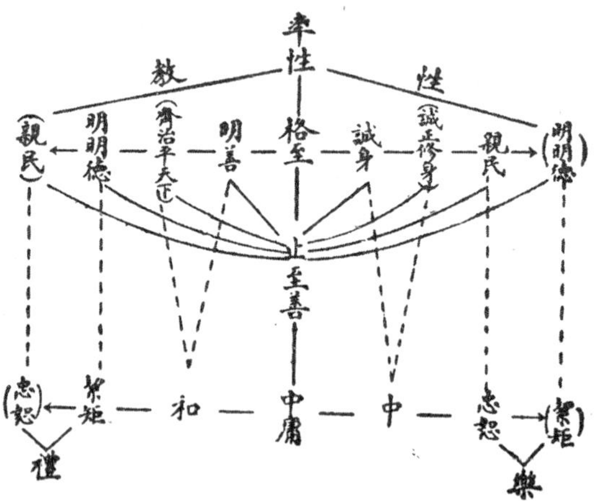

率性
教 性
（親民） 明明德 （齊治平天下） 明善 格至 誠身 （誠正修身） 親民 （明明德）
止
至善
（忠恕） 絜矩 和 中庸 中 忠恕 （絜矩）
禮 樂

合體於外界事物。則二者之相關聯而存續。何間其未發與已發乎。唯其必常有此二者。儼然存續。具備不失。然後可以得夫至誠之道。能與天合一。而感動人物。彌綸宇宙之功。亦可以見。故曰。致中和。天地位焉。萬物育焉。善哉西河之說之也。曰。道旣修。則內本于性。而達之爲道。其在性。則充實內積。不匱不溢。不謂之性。而謂之中。以愼獨之後。明善擇善。中有所主也。其在道。則節文外著。不流不倚。不僅謂之道。而又謂之和。以明進乎誠。推己及物。無所違戾也。蓋中則建極在我。可以立天下之本。和則本乎天。而成乎人。可以達之爲天道人道。而從而推極之。則以參天地。贊化育。盡己盡人。成己成物。皆在乎此。此中庸一書之要領也。（中庸說。）董子曰。中者天下之終始也。和者天地之所生成也。夫德莫大於和。而道莫大於中。中者天地之美達理也。聖人之所保守也。陰陽之道不同。至於盛而皆止於中。其所始起。皆必於中。中者天下之太極也。陽者天之寬也。陰者天之急也。中者天之用也。和者天之功也。舉天地之道。而美於和。誠擇其和者。以爲大得天地之奉也。（循天之道篇。）此蓋亦述其天人合一之說者。姚際恒。則引佛典證其通同。曰。華嚴經。法性徧在一切處。楞嚴色身外泊山河虛空大地。咸是妙明眞心中物。此萬物並育之說也。肇論。天地與我同根。萬物與我同體。至人空洞無象。而萬物無非我造。此天地位。萬物育之說。皆古代之禪學。非儒道之義也。禮論桉。儒道要義。在作爲經綸。卽欲以中和至誠之道。自其自我。推至一切世界。必期化裁輔相。經緯綱綸。作出理想上真實完全之世界。而後已。則其至誠中和。成己成物之說。與佛家真如實相。一性皆成佛之義。亦略無不同也。但學庸之說誠也。必曰誠意。曰誠身。未嘗求誠於身意之外。虛空之中。乃必常欲盡其理致於實際性情中和活動之間。此亦儒道精義所在。而其特色。復於是見之。不必如外典。分立大小二乘。空實諸法門。轉益多義。而自直截簡易。無復餘蘊也。參照第一段誠身條。賢首法藏曰。實際居目前。翻爲名相之境。華嚴妄盡還源觀。釋氏自道如此。陽明曰。佛氏不着相。其實着了相。吾儒着相。其實不着相。佛氏怕父子累。卻逃了父子。怕君臣累。卻逃了君臣。怕夫婦累。卻逃了夫婦。都是爲個君臣父子夫婦着了相。便須逃避。如吾儒。有個父子。還他以仁。有個君臣。還他以義。有個夫婦。還他以別。何曾着父子君臣夫婦的相。見傳習錄卷下。黃直錄。○參照第五段五倫條。

孔門七十子之徒。主唱中和說者。別有公孫尼子。漢書藝文志儒家類。公孫尼子二十八篇。隋唐志皆一卷。隋書音樂志。引沈約奏答。謂樂記公孫尼子作。禮記孔子正義。引劉瓛云。緇衣公孫尼子作。除二篇今存禮記外。餘皆佚矣。董子繁露循天之道篇。

載公孫養氣之說。曰。裏藏。泰實則氣不通。泰虛則氣不足。（此下有熱勝則氣口。寒勝則氣口。二句各闕一字。）泰勞則氣不入。泰佚則氣宛。至怒則氣高。喜則氣散。憂則氣狂。懼則氣懾。凡此十者氣之害也。而皆生於不中和。故君子怒則反中。而自說以和。喜則反中。而收之以正。憂則反中。而舒之以意。懼則反中。而實之以情。夫中和之不可不反如此。故君子道至氣。則華而上。凡氣從心。心氣之君也。何爲而氣不隨也。樂記則據此中和主義。以成其說者也。曰。夫民有血氣心知之性。而無哀樂喜怒之常。應感起物而動。然後心術形焉。是故。志微噍殺之音作。而民思憂。嘽諧慢易繁文簡節之音作。而民康樂。云云。此就內部心術之別言之也。又曰。是故先王本之情性。稽之度數。制之禮義。合生氣之和。道五行之行。使之陽而不散。陰而不密。剛氣不怒。柔氣不懾。四暢交於中而發作於外。皆安其位。而不相奪也。（四謂陰陽則柔。皆安其位。謂四者各得其宜也。）此所謂暢交於中者。卽其喜怒哀樂。潛而未顯者。能得中正調和於內部也。所謂發作於外。皆安其位而不相奪者。卽其喜怒哀樂已發而顯者。能一一中節於外部也。仁齊因疑中庸篇中和一節。卽古樂經之脫簡。殊不必然。然樂記所論。實與中庸互相發明。以見孔門中和說之本義也。

禮器篇所說。亦頗有類此者。今略攝取其大義。以表示之如左。

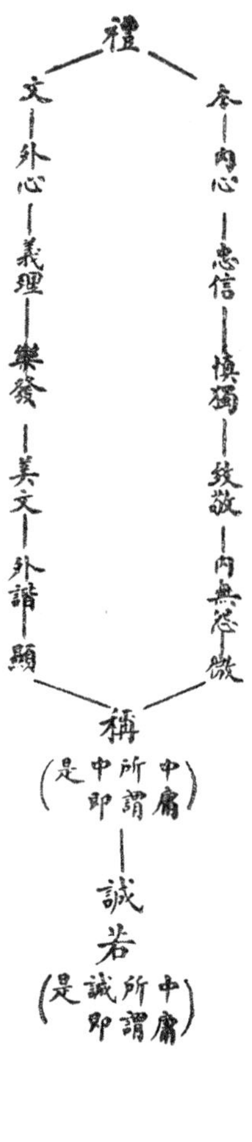

禮
本—內心—忠信—愼獨—致敬—內無怨—微
文—外心—義理—樂發—美文—外諧—顯
稱（中庸所謂中即是）
—
誠若（中庸所謂誠即是）

中和之實際法式。歸於忠恕絜矩之道。中和之實際體制。形於禮樂之道。

忠恕者中之實也。絜矩者。和之實也。忠恕者。盡己推己。以及於物。而達之家國天下。即親民成仁之實地也。絜矩者。以身度物。辨明關係。各正其宜。即明明德辨義成物之實地也。惟忠恕以合情。故絜矩之辨。可以成功。惟絜矩以別義。故忠恕之推。可以順進。二者相待。而中庸之道行焉。

忠恕之義。孔子曰。參乎。吾道一以貫之。曾子曰。唯。子出。門人問曰。何謂也。曾子曰。夫子之道。忠恕而已矣。一者不多之謂。大宰問於子貢曰。夫子聖者與。何其多能也。子聞之曰。大宰知我乎。吾少也賤。故多能鄙事。君子多乎哉。不多也。子曰。賜也。女以予爲多學而識之者與。對曰。然。非與。曰。非也。予一以貫之。子曰。多聞。擇其善者而從之。皆其義也。貫者。終身實地貫行不斷之謂。故一以貫之者。中庸所謂擇善固執是也。子貢問曰。一言而可以終身行之者乎。子曰其恕乎。己所不欲。勿施於人。大學曰。君子有諸己。而后求諸人。無諸己而后非諸人。所藏乎身不恕。而能喻諸人者。未之有也。大戴禮小辨篇曰。知恕必知中。知中必知恕。知恕必知外。蓋忠者盡中心也。恕者推如心也。如心者。如中心也。盡中心者。自我內部。能得中正之性情。（春秋繁路。天道無二篇。心止於一中者。謂之忠。持二中者。謂之患。）所謂天下之大本是也。推此大本及於外部。視萬物如同自我。卽爲恕也。惟其恕也。則可以推其大本之中正。遍達天下。使天下萬物。統一調和。故或只舉恕之一字。而忠字之義。自在其中矣。忠恕既足以終身貫行。則其爲吾人日常實地之要道也固矣。孰謂忠恕非一貫之道乎。且夫道之義。亦有廣者。子曰。志於道。晦庵註曰。凡人倫日用之間所當行。皆曰道。然則所謂一貫之道。亦有大小可分別者。忠恕雖爲一貫之要道。然其所歸。竟在仁之大道。則是亦不過歸入仁道之塗徑。故中庸曰。忠恕違道不遠。施諸己而不願。亦勿施於人。此所謂道。卽指仁之大道言。孟子所謂仁者人也。合而言之道也。

是也。忠恕雖不過達仁之塗徑。然達仁之道。無近接切要於此。故孟子又曰。反身而誠。樂莫大焉。强恕而行。求仁莫近焉。誠者忠之謂。忠誠而强行恕道。卽可以歸於仁道。近字特見其道相近接切要也。兩道切要之關係。明瞭如此。而後儒猶或狹疑聚訟。遂以爲曾子未達一貫之旨。是不熟讀孟子之過也。（或解一貫之道。以爲統一萬物。普遍之理。其說夙自六朝時起。以迄今日。猶未屏息。所謂學究者流。偏喜言流。終不曉道德是何物。長夜漫漫。奈何奈何。）

絜矩之義。大學曰。所謂平天下在治其國者。上老老。（尊老也。）而民興孝。上長長。（敬長也。）而民興弟。上恤孤。而民不倍。是以君子有絜矩之道也。所惡於上。毋以使下。所惡於下。毋以事上。所惡於前。毋以先後。所惡於後。毋以從前。所惡於右。毋以交於左。所惡於左。毋以交於右。此之謂絜矩之道也。樂只君子。民之父母。民之所好。好之。民之所惡。惡之。此之謂民之父母。鄭康成曰。絜猶結也。挈也。矩法也。桉。絜矩之道者。人人方正自持之道也。人人方正自持。身之所處。上下四旁。辨正其義。無不入規矩。則可以一致協和。而忠恕之道。亦順行其中也。夫明善齊治平天下之道。唯在一切人物調和之中見之。一切人物調和之道。唯待其中人人物物。各盡其正義。得其所宜。不相犯。不相亂。左傳曰。

入民軌物。不啻民宜然。凡一切事事物物。必須如此入軌物。正規矩。而後忠恕之道。可以順行其中而無礙。明明德之道。亦可以普施其中而無遺也。孔子曰。君子和而不流。又曰。君子和而不同。小人同而不和。不流不同者。行有絜矩之道。必以正義制事之宜。操守方正。無放辟邪侈。阿比雷同之情。無放辟邪侈。阿比雷同之情。故實能一致於忠恕之道。而行中庸之道也。中庸曰。君子之道四。丘未能一焉。所求乎子。以事父未能也。所求乎臣。以事君未能也。所求乎弟。以事兄未能也。所求乎朋友。先施之未能也。又曰。君子素其位而行。（素。鄭氏曰。傃也。嚮也。）不願其外。素富貴。行乎富貴。素貧賤。行乎貧賤。素夷狄。行乎夷狄。素患難。行乎患難。君子無入而不自得焉。在上位。不陵在下。在下位。不援上。正己不求於人。則無怨。上不怨天。下不尤人。故君子居易以俟命。小人行險以徼倖。子曰。射有似乎君子。失諸正鵠。反求諸其身。周易履卦初九爻辭曰。素履。（嚮其位行也。）往無咎。象傳曰。素履之往。獨行願也。此卽中庸不願乎其外者是也。

夫內部忠恕之同情。與外部絜矩之自持。表裏相輔以行者。此實個人經營社會生活之要諦。亦社會維持其秩序。而致發展之根本要義也。此二作用法式之成立。體制。而施行人間者。曰樂。曰禮。樂者。調和內部通同之性情。以表顯其忠恕之道。而企中正之發展者。凡文學藝術之道屬之。禮者。辨正外部特殊之義理。以普行其絜矩之道。而圖秩序之調和者。凡禮儀法律制度典章等類屬之。堯修五禮（吉凶軍賓嘉。）五玉。三帛。二生。一死贄。命夔典樂。教胄子。（胄一作育。）直而溫。寬而栗。剛而無虐。簡而無傲。詩言志。歌永言。聲依永。律和聲。八音克諧。無相奪倫。神人以和。皋陶之九德。亦本乎此。曰。寬而栗。柔而立。愿而恭。亂（治也）而敬。擾（順也）而毅。直而溫。簡而廉。剛而塞。彊而義。彰厥有常。吉哉。樂記曰。天高地下。萬物散殊。而禮制行矣。流而不息。合同而化。而樂興焉。春作夏長。仁也。秋斂冬藏。義也。仁近於樂。義近於禮。樂者敦和。率神而從天。禮者別宜。居鬼而從地。（鄭注。居鬼謂居其所爲。）故聖人作樂以應天。制禮以配地。禮樂備。天地官矣。（官猶事也。各得其事。）曰。大樂與天地同和。大禮與天地同節。和故百物不失。節故祀天祭地。明則有禮樂。幽則有鬼神。如此則四海之內。合敬同愛矣。禮者殊事合做者也。樂者異文合愛者也。禮樂之情同。故明王以相沿也。故事與時並。名與功偕。曰。樂者天地之和也。禮者天地之序也。和故百物皆化。序故羣物皆別。樂由天作。禮以地制。過制則亂。過作則暴。明於天地。然後能興禮樂也。曰。樂者。情之不可變者也。禮者。理之不可易者也。樂統同。禮辨異。禮樂之說。管乎人情矣。（管猶包也·）曰。樂者爲同。禮者爲異。同則相親。異則相敬。樂勝則流。禮勝則離。（流謂合行不敬·離謂析居不和·）合情飾貌者。禮樂之事也。禮義立。則貴賤等矣。樂文同。則上下和矣。（等階級也·）好惡著。則賢不肖別矣。刑禁暴。爵舉賢。則政均矣。仁以愛之。義以正之。如此則民治行矣。此皆明言禮樂二者特徵之顯也。又曰。凡音者生於人心者也。樂者通倫理者也。（倫猶類也·理分也·）是故知聲而不知音者。禽獸是也。知音而不知樂者。衆庶是也。唯君子爲能知樂。是故。審聲以知音。審音以知樂。審樂以知政。而治道備矣。是故不知聲者。不可與言音。不知音者。不可與言樂。知樂則幾於禮矣。禮樂皆得。謂之有德。德者得也。是故樂之隆。非極音也。食饗之禮。非致味也。淸廟之瑟。朱絃而疏越。壹倡而三嘆。有遺音者矣。大饗之禮。尙玄酒。而俎腥魚。大羹不和。有遺味者矣。是故先王之制禮樂也。非以極口腹耳目之欲也。將以教民平好惡。而反人道之正也。曰。樂者音之所由生也。其本在人心之感於物也。是故。其哀心感者。其聲噍以殺。其樂心感者。其聲嘽以緩。其喜心感者。其聲發以散。其怒心感者。其聲粗以厲。其敬心感者。其聲直以廉。其愛心感者。其聲和以柔。六者非性也。感於物而后動。是故。先王愼所以感之者。故禮以道其志。樂以和其聲。政以一其行。刑以防其姦。禮樂刑政。其極一也。所以同民心。而出治道也。曰人生而靜。天之性也。感於物而動。性之欲也。按・人天性中・本有欲求・故其在初生幼時・性情尙穆靜・雖未見特殊顯著之發動・知上條六者・然其中已微有欲求之感物活動者・亦必不可掩・故曰性之欲也・性即天性也・鄭注・言性不見物則無欲・此乃誤啓後儒天性本然主靜無欲之說者・不可從也・物至知知。鄭注・至來也・知知・每物來則又有知也・然後好惡形焉。言見物多則欲益衆・形猶見也・好惡無節於內。知誘於外。不能反躬。天理滅矣。誘猶道也・引也・躬猶已・理猶性也・按・人之天性中・固有天理與人欲・俱在焉・後儒專以理說性・蓋亦鄭氏注語誤之也・夫物之感人無窮。而人之好惡無節。則是物至而人化物也。人化物也者。滅天理而窮人欲者也。窮人欲・言無所不爲・按・窮・窮極之謂・言人欲好惡・極樂無節・則至滅天理・文言僅有人欲・卽滅天理也・於是有悖逆詐僞之心。有淫泆作亂之事。是故。强者脅弱。衆者暴寡。知者詐愚。勇者苦怯。疾病不養。老幼孤獨。不得其所。此大亂之道也。曰。是故先王之制禮樂。人爲之節。衰麻哭泣。所以節喪紀也。鐘鼓干戚。所以和安樂也。昏姻冠笄。所以別男女也。射鄉食饗。所以正交接也。射鄉・大射鄉飲酒是也・禮節民心。樂和民聲。政以行之。刑以防之。禮樂刑政。四達而不悖。則王道備矣。曰。樂由中出。禮自外作。和在心・敬在貌也・樂由中出。故靜。禮自外作。故文。文猶動也・大樂必易。大禮必簡。樂至則無怨。禮至則不爭。揖讓而治天下者。禮樂之謂也。暴民不作。諸侯賓服。兵革不試。五刑不用。百姓無患。天子不怒。如此則樂達矣。合父子之親。明長幼之序。以敬四海之內。天子如此。則禮行矣。曰。故樂也者。動於內者也。禮也者。動於外者也。樂極和。禮極順。內和而外順。則民瞻其顏色而弗與爭也。望其容貌。而民不生易慢焉。故德輝動於內。而民莫不承聽。理發諸外。而民莫不承順。曰。禮主其減。樂主其盈。禮人所倦。樂人所歡也。禮減而進。以進爲文。樂盈而反。以反爲文。進謂自勉強。反謂自抑止。鄭猶美也。善也。禮減而不進則銷。樂盈而不反則放。故禮有報。而樂有反。放淫於聲樂。不能止也。報猶進也。禮得其報則樂。樂得其反則安。禮之報。樂之反。其義一也。倶趨立於中。不銷不放也。曰。樂著大始。而禮居成物。著之言處也。大始。百物之始生也。著不息者天也。著不動者地也。著猶明白。息猶休止。一動一靜者。天地之間也。故聖人曰禮樂云。言禮樂之法天地也。曰。樂也者。施人禮也者。報也。言樂出而不反。而禮有往來也。樂樂其所自生。禮反其所自始。樂章德。禮報情反始也。曰。窮本知變。樂之情也。著誠去僞。禮之經也。禮樂偩天地之情。達神明之德。降興上下之神。而凝是精粗之體。領君臣父子之節。偩猶依象。凝成也。曰。是故大人舉禮。則天地將爲昭焉。天地訢合。陰陽相得。煦嫗覆育萬物。訢讀爲熹。熹猶蒸也。氣曰煦。體曰嫗。曰。樂者非謂黃鐘大呂弦歌干揚也。樂之末節也。故童者舞之。鋪筵席。陳尊俎。列籩豆。以升降爲禮者。禮之末節也。故有司掌之。樂師辨乎聲詩。故北面而弦。宗祝辨乎宗廟之禮。故後尸。商祝辨乎喪禮。故後主人。辨猶別也•正也•弦謂鼓瑟也•後尸居後贊禮儀•此言知本者尊•知末者卑•是故。德成而上。藝成而下。行成而先。事成而後。是故先王有上有下。有先有後。然後可以有制於天下也。

此皆切言禮樂二者。內外顯微互相關係之密也。孟子併論仁智禮樂四者。根本關係曰。仁之實。事親是也。義之實。從兄是也。智之實。知斯二者弗去是也。禮之實。節文斯二者是也。樂之實。樂斯二者。樂則生矣。生則惡可已也。惡可已。則不知足之蹈之手之舞之。茲更圖示如左。

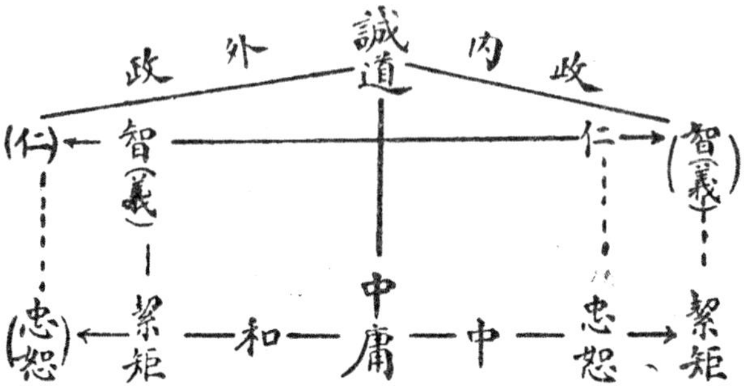

孔子謂韶。盡美矣。又盡善也。謂武。盡美矣。未盡善也。未盡善者。蓋言其未盡禮也。又曰。興於詩。立於禮。成於樂。此欲善美兼盡之也。亦欲內外相兼。以陶冶性情。完全人格。化成天下也。

誠
道
內政　外政
智(義)　仁　智(義)　(仁)
絜矩　忠恕　中　庸　和　絜矩　(忠恕)

禮樂之制。周公立之。而其義則孔孟明之。至荀子。更窮其本原。與效果。甚詳。今雖不遑論及。然荀講求儒道者。不可不潛心於此也。

第四段　權衡之道——反求與擴充——羣化與分義

中庸之道。依權衡之道而行之。權衡之道者。計較事物之性質分量。各得適宜之調節處理。以推行其時中之道者也。又據此道。先立內外本末終始之關係。以徧通吾人自我與萬物所以盡性遂生之實地。而窮盡人生與世界所以作爲經綸之工夫也。唯有此徧通內外本末。而得調節時中之道。故彼中與忠恕之道。可依反求擴充之道。有成於內。而及於外。和與絜矩之道。亦可依羣化分義之道。有成於外。而及於內。於是儒道之本末終始並舉而俱成焉。此義主由孟荀二子所道破。發揮人生社會宇宙羣倫。所以結集生成之機能。幾於無餘蘊矣。

周易繫辭傳曰。巽以行權。孔氏正義曰。巽順以順時合宜。故可以權也。稱而隱。乾隆述義曰。稱謂酌量處置。隱謂深入不露。德之制也。柔順而能深入細微。隨宜斷制也。晦庵語類卷七十六曰。巽一陰入在二陽之下。是能入義理之中。無細不入。直徹到底。不只是皮子上。如此方能獨斷得殺。如風之動物。無物不入。但見其動。而不見其形。權之用亦猶是也。謙卦象傳曰。地中有山謙。君子以裒多益寡。稱物平施。禮器曰。禮時爲大。順次之。體次之。宜次之。稱次之。孔氏正義曰。禮合天時。揖讓干戈之時。於禮中最大。雖合天時。又須順序。有時有順。又須小大各有體。別大小。雖有體行之。又須各當其宜。稱猶足也。行禮又須各自足也。子曰。可與共學。未可與適道。可與適道。未可與立。可與立。未可與權。又曰。君子之於天下也。無適也。無莫也。義之與比。義之與比權衡所在。則無適無莫者。所以能實有適有莫也。孟子曰。揚子取爲我。拔一毛而利天下。不爲也。墨子兼愛。摩頂放踵利天下。爲之。子莫執中。執中爲近之。執中無權。猶執一也。所惡執一者。爲其賊道也。舉一而廢百也。又謂齊宣王曰。權然後知輕重。度然後知長短。物皆然。心爲甚。王請度之。淳於髡曰。男女授受不親。禮與。孟子曰。禮也。曰。嫂溺則援之以手乎。曰。嫂溺不援。是豺狼也。男女授受不親。禮也。嫂溺援以手者。權也。今天下溺矣。夫子之不援。何也。曰。天下溺。援之以道。嫂溺。援之以手。子欲手援天下乎。孟權之爲道。唯欲歸於至正之中道而推行之。固非權謀術數之謂。孟子又曰。君子反經而已矣。其義可以見也。

夫所謂中道者。常由時處位三者之關係。而變動無定。故必待權度而得之。不可一概拘執。以致礙滯不通。此所以中庸之難行。民鮮能之也。孔子答子路問强曰。君子和而不流。强哉矯。中立而不倚。强哉矯。國有道不變塞焉。强哉矯。國無道。至死不變。强哉矯。又曰。君子中庸。小人反中庸。君子之中庸也。君子而時中。小人之中庸也。小人而無忌憚也。又曰。行夏之時。又曰。時哉時哉。時中之義。易傳說之甚詳。象傳言時者二十四卦。言中者三十六卦。象傳言中者三十九卦。言時者。六卦。惠定宇曰。時中者。易之大要也。時者舉一卦以取之義而言之。中者舉一爻所適之位而言之。時無定者，而位有定。故多言中。少言時。（周易述）案。此專就卦體言時中出現之多少耳。至於諸爻。則不必然也。繫辭傳曰。六爻相雜。唯其時（如初二三四是）物。（如陰陽剛柔是）也。乾象傳曰。時乘六龍。言其六爻時位。各不相同也。文言傳曰。九三君子終日乾乾。子曰。因其時而惕。雖危無咎矣。九二見龍在田。子曰。時舍也。又曰。潛龍勿用。陽氣潛藏。見龍在田。天下文明。終日乾乾。與時偕行。或躍在淵。乾道乃革。飛龍在天。乃位乎天德。亢龍有悔。與時偕極。乾元用九。乃見天則，案。九五之能得中正。而施天德。所以能得其時也。九三之未得中。而其位則正。故因其時乾乾。所以未失其時也。上九之不中不正。亦亢龍不知退。所以不得乎其時。凡易道所見。往來消息。損益盈虛。莫非此權度時中之道。繫辭傳曰。變通者趣時者也。是卽其義。時中之道。亦在時義時用之中。卽如豫卦彖傳曰。天地以順動。日月不過。聖人以順動。刑罰輕而民服。豫之時義大矣哉。睽卦彖傳曰。男女睽而其志通也。萬物睽而其事類也。睽之時用大矣哉。孟子曰。伯夷聖之淸者也。伊尹聖之任者也。柳下惠聖之和者也。孔子聖之時者也。唯能時者。斯得中和之道。以無礙矣。繫辭傳曰。精義入神。知幾其神乎。君子見幾而作。待時而動。知幾知彰。知柔知剛。萬夫之望。中庸曰。不勉而中。不思而得。從容中道。聖人也。又曰。時措之宜也。蓋誠道實地之徵驗。亦於此明見之也。

時中之道。唯由權度之道而得之。凡事物之大小多少。長短輕重。遠近厚薄。消長盈虛。昇降進退。離合聚散。向背緩急。內外顯微。本末終始。一待於此而後決其當行之義務與權利。故凡倫理教化法律政治藝術。以及社會國家世界。一切人間所作爲經綸事物。其所以能得完全成立之根本基調。無一能脫此權衡折衷之道。而絕對孤往者也。故權衡之道。實可謂於相對比較之中。寓絕對唯一之中道者也。儒道之能得無偏無頗。大公至正。爲天下之大經大法。亦以此故。孟子曰。口之於味也。目之於色也。耳之於聲也。鼻之於臭也。四肢之於安佚也。性也。有命焉。君子不謂性也。（東原曰。君子不藉口於性。以逞其欲。）仁之於父子也。義之於君臣也。禮之於賓主也。智之於賢者也。聖人之於天道也。命也。有性焉。君子不謂命也。（仁齋曰。不以此五者委之於命。必盡其在我者。以竆感動之也。）同是性命。而前則伸命抑性。後則伸性抑命。此實孟子權衡時中之要旨。如其或切言反求。或力說擴充。亦皆同義。又曰人之於身也。兼所愛。兼所愛。則兼所養也。無尺寸之膚不愛焉。則無尺寸之膚不養也。所以考其善不善者。豈有他哉。於己取之而已矣。體有貴賤。有大小。無以小害大。無以賤害貴。養其小者爲小人。養其大者爲大人。今有場師。舍其梧檟。養其樲棘。則爲賤場師焉。養其一指。而失其肩背。而不知也。則爲浪疾人也。飲食之人。則人賤之矣。爲其養小以失大也。飲食之人無有失也。則口腹豈適爲尺寸之膚哉。又曰。從其大體爲大人。從其小體爲小人。耳目之官。不思而蔽於物。物交物。則引之而已矣。心之官則思。思則得之。不思則不得也。比天之所與者。先立乎其大者。（比。朱本作此。當從趙本作比。焦里堂曰。上文官有二。故比方而先立乎其大者也。）則小者不能奪也。（耳目之官。既服從於心官。則外物不能引而奪之也。）此爲大人而已矣。又如其道性善。稱堯舜。言仁義。說四端之固有。人倫之可教。及其辨王霸異端。皆必商量批判。嚴取舍。明去從。以欲反於經。所謂不直則道不見者是已。

荀子用懸衡權衡操術等語。推孟子權度之義。更致深詳。先就心上說之曰。凡人之患。蔽於一曲。則闇於大理。治則復經。此其孟子反經同意。兩疑則惑矣。凡萬物異則莫不相爲蔽。此心術之公患也。墨子蔽於同。盡利而不知文。愼子蔽於法。盡數而不知賢。莊子蔽於天。盡因而不知人。此皆道之一隅也。夫道者。體常而盡變。一隅不足以舉之。聖人知心術之患。見蔽塞之禍。故兼陳萬物而中懸衡。故衆異不得相蔽。以亂其倫。何謂衡。曰道。故心不可以不知道。心不知道。則不可道。而可非道。以其可道之心。與道人論非道。治之要也。故治之要。在於知道。人何以知道。曰心。心何以知。曰虛壹而靜。心未嘗不臧也。然而有所謂虛。心未嘗不滿也。然而有所謂一。心未嘗不動也。然而有所謂靜。人生而有知。知而有志。志也者臧也。然而有所謂虛。不以所已臧害所將受。謂之虛。心生而有知。知而有異。異也者。同時兼知之。同時兼知之兩也。然而有所謂一。不以夫一害此一。謂之壹。心臥則夢。偷則自行。偷慢也使之則謀。故心未嘗不動也。然而有所謂靜。不以夢劇亂知。謂之靜。將須道者之虛則入。將事道者之一則盡。將思道者之靜則察。知道察。三字句知道行。兩知道間讀而字看。體道者也。虛壹而靜。謂之大清明。萬物莫形而不見。莫見而不論。倫也莫倫而失位。坐於室而見四海。處於今而論久遠。疏觀萬物而知其情。參稽治亂而通其度。經緯天地。而材官萬物。制割大理。而宇宙裏矣。裏包納也明參日月。大滿八極。是之謂大人。夫惡有蔽矣哉。解蔽篇又曰。心者形之君也。而神明之主也。出令而無所受令。自禁也。自使也。自奪也。自取也。自行也。自止也。心枝則無知。傾則不精。貳則疑惑。以贊稽之萬物。可兼知也。知者擇一而壹焉。君子壹於道。而以贊稽物。道經曰。人心之危。道心之微。危微之幾。唯明君子而後能知之。同上又曰。萬物爲道一偏。一物爲萬物一偏。愚者爲一物一偏。而自以爲知道。無知也。老子有見於詘。而無見於信。墨子有見於齊。無見於畸。天論篇又就人類之欲望說之曰。凡人之取也。所欲未嘗粹而來也。其去也。未嘗粹而往也。故人無動而不與權俱。衡不正則重懸於仰。而人以爲輕。輕懸於俛。而以人爲重。此人之惑於輕重也。權不正則禍託於欲。而人以爲福。福託於惡。而人以爲禍。此亦人之所以惑於禍福也。道者古今之正權也。離道而內自擇。則不知禍福之所託。易者以一易一。人曰無得亦無喪也。以一易兩。人曰無喪而有得也。以兩易一。人曰無得而有喪也。計者取所多。謀者從所可。以兩易一。人莫之爲。明其數也。從道而出。猶以一易兩也。奚喪。離道而內自擇。是猶以兩易一也。奚得。其累百年之欲。易一時之嫌。然且爲之。不明其數也。（同上）又就禮上說之曰。衡誠懸矣。則不可欺以輕重。君子審於禮。則不可欺以詐僞。衡者平之至。禮者人道之極也。禮之中焉能思索。謂之能慮。禮之中焉能勿易。謂之能固。（禮論篇）又曰。禮者以財物爲用。以貴賤爲文。以多少爲異。以隆殺爲要。文理繁。情用省。是禮之隆也。文理省。情用繁。是禮之殺也。文理情用相爲內外表裏。並行而複。是禮之中流也。（中猶道也）故君子上致其隆。下盡其殺。而中處其中。步驟馳騁厲騖。不外是矣。是君子之壇宇宮庭也。於是其中焉。方皇周挾。（挾同浹）曲得其次序。是聖人也。詩曰。禮儀卒度。笑語卒獲。此之謂也。（同上）又舉後王而說操術曰。千人萬人之情。一人之情是也。天地始者。今日是也。百王之道。後王是也。君子審後王之道。而論於百王之前。若端拜而議。推禮儀之統。分是非之分。總天下之要。治海內之衆。若使一人。故操彌約。而事彌大。五寸之矩。盡天下之方也。故君子不下堂。而海內之情舉積此者。操術然也。（不苟篇）按。所謂後王。亦先王也。但不必求上古邈遠難見難效耳。又曰。王者之制。道不過三代。法不貳後王。道過三代。謂之蕩。法貳後王。謂之不雅。（王制篇）蓋荀子之尊重直接經驗。足以救孟子先驗說。而相成者也。孟子之徒。流於性命之空談。故荀子非之。（見非十二子篇）荀子之門。出李斯事秦立法。偏於外部實驗。而失內部之理想。以刻薄敗之。漢起。學尙折衷。孟荀之道。並行於武帝以後。乃見儒道之調節而普通天下。

權衡折衷之道。在求心遠心二法之調節。求心之法。由反求而形於分義。遠心之法。由擴充而形於羣化。羣化之道。待分義而成之。分義之道。待擴充而成之。反求擴充之道。與羣化分義之道。表裏並行。交錯適合。而不失其權衡。則內外一致。自他合體。而時中之道。自行其中。

反求之道。在反身省察。而求道之大本於自我內部。中庸曰。道自道也。周易蹇卦象傳曰。君子以反身修德。九三象傳曰。往蹇來反。內喜之也。（王注曰。進則入險。來則得位。爲下卦之主。是內之所持也。）上六象傳曰。往蹇來碩。志在內也。（應在三。故曰志在內。）復卦爲反復往來不絕之卦。又爲反省自覺之卦。故初九象傳曰。不遠之復。以修身也。六五象傳曰。敦復無悔。中以自考也。（中。內。考。察也。）繫辭傳曰。復自知也。太甲曰。顧諟天之明命。（參照第一段明明德條）孟子曰。求則得之。舍則

絜矩 ← 忠恕 — 中 — 中庸 — 和 — 絜矩 → 忠恕

樂　　禮

分義 ← 擴充 — 反求 — 權衡 — 羣化 — 分義 → 擴充

失之。是求有益於得也。求在我者也。求之有道。得之有命。是求無益於得也。求在外者也。又曰。行有不得者。皆反求諸己。中庸曰。射有似乎君子。失諸正鵠。反求諸其身。蓋反求之道。孔子既早指示之。論語亦多載其說。但其所反求之爲何物。孔子未明言之。至孟子。始明明揭揚之以示天下人。如曰自我固有之良貴也。天爵也。曰道德上善性也。曰良心也。曰良知良能也。是也。

良貴者何。孟子曰。欲貴者。人之同心也。人人有貴於己者。（言於己有貴者也。）弗思耳。人之所貴者。非良貴也。趙孟之所貴。趙孟能賤之。天爵者何。曰有天爵者。有人爵者。仁義忠信。樂善不倦。此天爵也。公卿大夫。此人爵也。今之人。脩其天爵。以要人爵。既得人爵。而棄其天爵。則惑之甚者也。終亦必亡而已矣。

夫尊德性之要。中庸既言之矣。進至孟子。此說益爲精深。更明言人人固有善性之可尊者。其鼓舞人類道德上自尊自信之心。效果極大。程氏所稱不謬。曰。孟子有大功於世。以其言性善也。但其所謂性善之義。與宋儒所說本有完善理性之見不同。告子篇辨之素已詳明。告子曰。性無善無不善也。或曰。性可以爲善。可以爲不善。是故。文武興則民好善。幽厲興則民好暴。或曰。有性善。有性不善。是故以堯爲君而有象。瞽瞍爲父而有舜。以紂爲兄之子。且以爲君。而有微子啓王子比干。今曰性善。然則彼皆非與。孟子曰。乃若其情。則可以爲善矣。乃所謂善也。若夫爲不善。非才之罪也。桉。告子論性之見地。專在絕對上之否定。或者之說。一則在其一般可能性之肯定。一則在特種先驗固定性之肯定。此三說者。皆非孟子所否定反對。而孟子自家之所力說主張。則又在三者之外也。其意蓋謂。假令性之善惡。於絕對上。未可直接知之。而就其性所發動觀之。有可以爲善之情。既有可以爲善之情。亦必有可以爲善之性能也明矣。爲不善。謂爲不可不善。如夫水激而行之。使其在山。而不可下也。宋人誤解。以不善爲惡。因又誤認性爲絕對上善者。即全善而無惡。而其全體學說差繆之所由來。東條一堂五辨說盡之矣。人既必有可以爲善之性能。以視彼禽獸概無可以爲善之性能者。則人之性。決不可不謂之善。故曰性善。此我所謂善之意也。告子曰。生之謂性。孟子曰。生之謂性也。猶白之謂白與。曰然。白羽之白也。猶白雪之白。白雪之白。猶白玉之白與。曰

（然。然則犬之性猶牛之性。牛之性猶人之性與。案告子所謂之性。汎就萬物中普遍者言之。孟子所謂之性。專就人類特種者（即唯人類中普遍者）言之。所見既各不同。故所論亦互背馳而不合。）夫性情才三者。其實一也。皆可以爲善。而其有爲不善者。非性情才不可以爲善之罪。固有可以爲善之性能。而未十分盡之耳。若果十分盡之。皆至爲善。而不爲不善。此所以別有養氣養性擴充盡性之諸說。極力圖其性能完善之發展。固非人性本來絕對完善。不待人爲修養之謂也。此義至近代。東原字義疏證。東壁遺書。（孟子事實）（附錄論）蘭甫讀書記等。辨得已極詳盡。學者不復容疑。然此辨。夙在西漢時。董子已先行之。殆無遺憾。而學者多不省。故今抄記其大要如下。曰。性有善端。動之愛父母。善於禽獸。則謂之善。此孟子之善。循三綱五紀。（淩曉樓注蘇厚庵義證。俱引白虎通三綱六紀。曰。三綱者。君臣父子夫婦。六紀者。諸父兄弟族人諸勇師長朋友是也。）通八端之理。忠信而博愛。敦厚而好禮。乃可謂善。此聖人之善也。聖人之所謂善。亦未易當也。夫善於禽獸之未得善也。猶知於草木而不得名知。於萬民之性。善於禽獸。而不得名善。知之名。乃取之聖。聖人之所命。天下以爲正。正朝夕者視北辰。正嫌疑者視聖人。聖人以爲無王之世。不教之民。莫能當善。善之難當如此。而謂萬民之性皆能當之。過矣。質於禽獸之性。則萬民性善矣。質於人道之善。則民性弗及也。萬民之性。善於禽獸者。許之聖人之所謂善者。勿許。吾質之命性者。異孟子。孟子下質於禽獸之所爲。故曰已善。吾上質於聖人之所善。故謂性未善。春秋繁露深察名號篇此以其性未善之說。欲調和孟子性善與荀子性惡兩說。而其中明見人格上理想之發越。與道德進化發展之旨義。可謂卓論矣。參照下文荀子性惡一條。

良心者何。孟子曰。牛山之木嘗美矣。以其郊於大國也。斧斤伐之。可以爲美乎。是其日夜之所息。雨露之所潤。非無萌蘖之生焉。牛羊又從而牧之。是以若彼濯濯也。人見其濯濯也。以爲未嘗有材焉。此豈山之性也哉。雖存乎人者。豈無仁義之心哉。其所以放其良心者。亦猶斧斤之於木也。旦旦而伐之。可以爲美乎。其日夜之所息。平旦之氣。其好惡與人相近也者幾希。則其旦晝之所爲。有梏亡之矣。梏之反覆。則其夜氣不足以存。夜氣不足以存。則其違禽獸不遠矣。人見其禽獸也。而以爲未嘗有才焉者。是豈人之情也哉。案性情才三者。皆一也。良心者。良性良情良才之心也。其言良。不言善者。蓋良者。天良之謂。卽就人天然本能之性情。言其固有可爲善之道德性。旣有此可爲善之道德性。則雖未可全許之以善之名。亦不可謂爲非善。故別用良字。以表其可爲善之本能也。善與良二字。通用則同義。分用則異義。文中曰可以爲美乎。猶言可以爲善乎。美猶善耳。曰非無萌蘖之生。曰以爲未嘗有材焉。此豈山之性也哉。皆言固有本能之性可以發展也。良心本能。欲求仁義。故又謂之仁義之心。良心發展。則可以達其仁義之心。以成仁義之德。故道德之完成。其所本在人本能之良心。苟放失良心。不知所養。則去禽獸不遠矣。故人道推行之第一步。在反求其良心。涅槃經。以善惡念心。爲得道之起原。善愛念心者。卽此所云良心之謂也。又其言脩成善根。亦然。

良知良能者何。分析良心之性能。而言之者也。孟子曰。人之所不學而能者。其良能也。所不慮而知者。其良知也。孩提之童。無不知愛其親也。及其長也。無不知敬其兄也。仁齋連讀知愛知敬。以知爲良知之事。以愛敬爲良能之事。以非陽明偏取良知而遺良能之失。確中程朱以來偏重知性蔑視感性之病。可謂善讀孟子者也。但仁齋謂仁義禮智是道德之名。而非性之名。辨之雖強。亦惟無益而止。蓋人之道德。既本於其固有本能之性情。則仁義禮智。爲道德上所得之名。亦爲性情上所得之名。有何可分。仁齋意在斥宋儒性理之說。遂舉性而並斥之。誤矣。雖然。宋儒之專據理性。以說道德之本然完備。義致乖違。非善讀孟子者也。論語古義。有子章注曰。孟子謂人之性善。故以仁義爲其性也。此以仁義名性也。非直以仁義爲人之性也。所說甚明。然至語孟字義。則力辨仁義禮智是道德之名。而非性之名。終曰。謂仁義卽吾性可也。謂吾性卽仁義亦可也。但以仁義爲性中之名。則不可也。所謂固有者。意蓋如此。案。仁齋亦既認仁義爲性。而必言非性之名者。其意蓋謂。性雖仁義之本根。然仁義之全成。在外部之推行。故性中不可言全成之仁義也。惟其深辨痛論。繁詞累言。不覺自招此混雜耳。參照下文四端條。

人性固有道德上本能欲求。然色食利便等欲求本能。亦人性之所固有。則人性決非唯道德性之所成也明矣。孟子之所主張提倡專在其道德上善性。此其積極發展主義之所使然。卽其所謂權度之道。亦必反求於自我之內容。擧其重且大者而略其小焉者耳。味色聲臭安佚。雖爲性之固有。而其中亦有命之所定者。故唯謂命。不謂性也。仁義禮智天道。雖爲命之所定。而其中亦有性之可養者。故唯謂性。不謂命。參照上文。此乃孟子自行其權衡決擇用中之道也。又曰。廣土衆民。君子欲之。所樂不存焉。中天下而立。定四海之民。君子樂之。所性不存焉。君子所性。雖大行不加焉。雖窮居不損焉。分定故也。君子所性。仁義禮智根於心。其生色也睟然。見於面。盎於背。施於四體。四體不言而喩。又曰。由是則生。而有不用也。由是則可以辟患。而有不爲也。是故所欲有甚於生者。所惡有甚於死者。非獨賢者有是心也。人皆有之。賢者能勿喪耳。按。所樂所性云者。皆君子進德修業者。自以爲其樂。亦以此爲其性。而尊重之之謂。非現實人性本來自然皆如是之謂也。又其連用有字。亦現實人性中必有之之謂。非本性全然之謂也。唯其於本性種種衝動欲求中。必欲擇其善良者。而決行之。故權衡決擇之道。不可不重也。故又曰。天將降大任於是人也。必先苦其心志。勞其筋骨。餓其體膚。空乏其身。行拂亂其所爲。所以動心忍性。曾益其所不能。人恆過。然後能改。困於心。衡於慮。而後作。徵於色。發於聲。而後喻。入則無法家拂士。出則無敵國外患者。國恆亡。然後知生於憂患。而死於安樂也。所謂動心忍性。增益不能。恆過能改。困心衡慮。徵色發聲處。卽可以見權衡反求時中之道。必亦待實地幾多苦心勞力。決非單純自然生活及知識生活之所能得也。

反求之道。旣自反身省察於內部。索吾人行道之根據。遂得之於固有之善性。良心良知良能。此善性。良心良知良能。乃吾人自我之主體。卽爲吾人自我眞實成體之根本要素也。吾人自身固有此根本要素。故自能構成其理想。而實現之。成立其所求真實自我。而行道無礙也。故道德之根本萌芽。先於吾人內部本然之性能。發起其端。所謂仁義禮智之四端是也。有此四端。則可以擴充之。達成所謂仁義禮智完善之道德。故道德之推行。必先反求自我內部道德性之自覺自動。爲之發端。曾子之守約。曰。自反而縮。雖千萬人吾往矣。告子曰。不得於言。勿求於心。不得於心。勿求於氣。孟子曰。不得於心。勿求於氣。可。不得於言。勿求於心。不可。夫志（心之所之曰志）氣之帥也。氣體之充也。夫志至焉。氣次焉。（次。舍次也。體氣必至心志之所至也。）故曰。持其志。無暴其氣。（無暴。謂不可使其暴動。）既反求之於現實尋常自我之中。得人所以爲人之根原。以別於禽獸。卽可擴充之。進於理想上自我之人格。而欲爲堯舜。故擴充者。先待於反求。而反求之者。將有以擴充之也。深深之反求。所以致層層之擴充也。（薛敬軒讀書錄曰。愈收斂愈充拓。愈細密愈廣大。愈深妙愈高明。敬軒之學。偏於內觀。此等語不無可取也。）孟子曰。人皆有不忍人之心。先王有不忍人之心。斯有不忍人之政矣。以不忍人之心。行不忍人之政。治天下。可運之掌上。所以謂人皆有不忍人之心者。今人乍見孺子將入於井。皆有怵惕惻隱之心。非所以內交於孺子之父母也。非所以要譽於鄉黨朋友也。非惡其聲而然也。由是觀之。無惻隱之心。非人也。無羞惡之心。非人也。無辭讓之心。非人也。無是非之心。非人也。惻隱之心。仁之端也。羞惡之心。義之端也。辭讓之心。禮之端也。是非之心。智之端也。人之有是四端也。猶其有四體也。有是四端而自謂不能者。自賊者也。謂其君不能者。賊其君者也。凡有四端於我者。知皆擴而充之矣。若火之始然。泉之始達。（是良知自發之起發）苟能充之。足以保四海。（是良能發動之推行）苟之不充之。不足以事父母。按。孟子意。並欲亦反求之。亦擴充之。故必舉兩面而竭之。不使偏執反求。而忘擴充也。則反求之於擴充。其實一而且爲二。知其一。不知其二。學者通弊在焉。且其所謂四端者。四德發展之端本。仁齋所解至當。晦庵以爲內部性理端緒微見於外者。乃以擴充亦爲內部充滿本然之量。是偏重內部。而無視於外部實際擴充之義。不可從也。後儒往往誤用反求之法。專用心於向內省察之功夫。而疏略向外行事上之努力。遂耽溺於主觀之理趣。茫茫蕩蕩。懸空思索。（二句見傳習錄）或只以復性歸本爲全了事。不復務完成道德於外部之實踐躬行。其病源所在。不可不猛省也。四端雖並尊。而仁端爲其首。曾關於全體。是凡人生所有道德之最根本。而最普遍者。故以惻隱不忍人之心爲其總綱。猶兼說仁義。而總綱在仁。其意與孔子。無異。復卦象傳曰。復其見天地之乎天地之心言一陽來復。生物不息之心也。六二休復。象傳曰。休復之吉。以下仁也。（初九陽爲仁行。六二在其上。附而順之。是自降下於仁。而與此相比也。）六四中行獨復。象傳曰。中行獨復。以從道也（韓注曰順道而反物莫之逆。）此指點乎反求之道所得極致也。（晦庵曰。惻隱之心。頭尾都是惻隱。三者則頭是惻隱。尾是羞惡辭遜是非。若不是惻隱。則三者都是死物。蓋惻隱是箇頭子。羞惡辭遜是非便從這裏發來。又曰。惻隱便是初動時。羞惡是非恭敬。亦須是這個先動。一動了。譬如四時。若不是春生之氣。夏來長箇甚麽。秋時又把甚斂。冬時又把甚藏。惻隱是箇腦子。通貫此三者。孟子發明四端。見安社稷之功。若常體認得來。所謂活潑潑地。眞箇是活潑潑地。見其語類卷五十三。）孟子又說齊宣王曰。老吾老。以及人之老。幼吾幼。以及人之幼。天下可運於掌。詩云。刑於寡妻。至於兄弟。以御於家邦。言舉斯心。加諸彼而已。故推恩足以保四海。不推恩無以保妻子。古之人所以大過人者。無他焉。善推其所爲而已矣。今恩足以及禽獸。而功不至於百姓者。獨何與。又其說良知良能也。舉知愛其親。知敬其兄。而曰。親親仁也。敬長義也。無他達之天下也。按。不忍之心。惻隱之情。是人道德上自然本能。而未至成道德上完全之仁。然既爲仁之端。則謂之爲德性。爲仁性。無妨也。故詳言之。則分仁與仁之端。省言之。則直曰仁。其詳言之者曰。人皆有所不忍。達之於其所忍。仁也。人皆有所不爲。達之於其所爲。義也。人能充無欲害人之心。而仁不可勝用也。人能充無穿窬之心。而義不可勝用也。（穿窬趙注朱注本並作穿踰焦氏正義曰閩監毛三本此作穿窬下穿踰之類作踰宋本孔本韓本皆作踰說文云窬穿木戶也禮儒行蓽門圭窬注圭窬謂門旁窬也穿牆爲之如圭矣圭窬即左傳之圭竇故徐氏音豆其實竇窬義皆爲空而字不同窬自音臾耳趙氏云穿牆踰屋則自爲踰越之踰論語陽貨篇云其猶穿窬之盜也與集解引孔氏云穿穿壁也窬窬牆也釋文云踰本又作窬然則釋文論語本作穿踰是論語之穿窬與孟子之穿踰一也或借窬爲踰故有作穿窬者其實皆穿踰也劉氏論語正義曰釋文誤依孔義改經文作踰陸所見本已然也此文穿窬猶言穿戶與踰牆之踰不同臧庸拜經日記說略同桉論語作窬者釋文一本足利本正平本說文所引本皇疏本邢疏本及朱注本皆是也其作踰者僅有釋文本及市川迷庵正平本論語札記所引藤氏宗重本二種耳皇疏曰小人爲盜或穿人屋壁或踰人垣牆當此之時外形恆欲進爲取物而心恆畏人常懷退走之路是形進心退內外相乖如色外矜正而心內柔佞者也桉皇疏踰人垣牆踰字當爲窬字之誤也故下文言常懷退走之路而不及踰越之事也且其下文又引江熙云田文之客能爲狗盜穿壁如踰而入盜之密也此如踰而入踰字亦當爲窬字之誤也若果爲踰字則狗盜穿壁如踰而入不成義矣武內氏校勘記疑皇疏文用踰字而引禮篳門圭窬作證謂是後人旁記禮文誤入疏中不知今本皇疏踰字乃係後人妄改也金仁山論語集注攷證曰宋注以穿窬二字分爲兩事穿爲穿壁窬爲踰牆然穿壁而入者爲穿盜似夫色厲而內荏者至踰牆者則爲強盜與此大類況窬字分明以穴居上而訓門邊小竇竇又訓穴穿窬乃竊穴也改窬爲踰解爲踰牆非也中井履軒論語逢原曰窬竇同音義不可別門邊小穴爲竇如狗竇水竇是常設者也此穿窬指今別鑿者言桉穿窬諸說紛紜惟仁山履軒所言明快且得善合孔鄭之古義矣）人能充無受爾汝之實。無所往而不爲義也。其省言之者曰惻隱之心。人皆有之。羞惡之心。人皆有之。恭敬之心。人皆有之。是非之心。人皆有之。惻隱之心。仁也。羞惡之心。義也。恭敬之心。禮也。是非之心。智也。仁義禮智。非由外鑠我也。我固有之也。弗思耳矣。故曰。求則得之。舍則失之。或相倍蓰而無算者。不能盡其才者也。詩曰。天生蒸民。有物有則。民之秉夷。好是懿德。孔子曰。爲此詩者。其知道乎。蓋好懿德之性。卽好善之性。亦卽所謂道德性。而天下人人所共通固有者。夫仁義禮智。不能離此共通固有之道德性而成立。故亦省言之曰。仁義禮智。我固有也。實則我所固有者。惟仁義禮智之端本而已。故又曰。口之於味也。有同耆焉。耳之於聲也。有同聽焉。目之於色也。有同美焉。至於心。獨無所同然乎。心之所同然者。何也。謂理也。義也。聖人先得我心之所同然耳。故理義之悅我心。猶芻豢之悅我口。蓋此悅理義之心。卽道德上欲求。亦卽合理成性之欲求。實爲吾人追求理想。作爲合理生活。完成人生與世界之根本源泉者也。孟子連呼有者。欲人反求之也。曰我有之。曰弗思耳。曰思則得之者。欲喚起人內部自我之自體。使之自能覺醒而活動也。

孟子曰。堯舜性者也。湯武反之也。動容周旋中禮者。盛德之至也。哭死而哀。非爲生者也。經德不回。非以干祿也。言語必信。非以正行也。君子行法。以俟命而已矣。又曰。堯舜性之也。湯武身之也。五霸假之也。久假而不歸。惡知其非有也。言堯舜德性之優。

專由內部擴充去而自成盛德也。如湯武。則專待外部修爲之力。格物體認。反省於內。而後能成之也。雖然。由內部擴充而成其德者。何只堯舜而已哉。苟能存養其德性。而不失者。皆可能之。故又曰。人皆可以爲堯舜。然則存養之道。又在反求與擴充之間。作其連鎖。曰。存其心。養其性。所以事天也。其心者。良心是也。其性者。善性是也。德性是也。又曰。苟得其養。無物不長。苟失其養。無物不消。孔子曰。操則存。舍則亡。出入無時。莫知其鄉。惟心之謂與。又曰無或乎王之不智也。雖有天下易生之物也。一日暴之。十日寒之，未有能生者也。吾見亦罕矣。吾退而寒之者至矣。吾如有萌焉何哉。又曰。君子所以異於人者。以其存心也。君子以仁存心。以禮存心。仁者愛人。有禮者敬人。愛人者人恆愛之。敬人者人恆敬之。有人於此。其待我以橫逆。則君子必自反也。我必不仁也。必無禮也。此物奚宜至哉。其自反而仁矣。自反而有禮矣。其橫逆由是也。君子必自反也。我必不忠。自反而忠矣。其橫逆由是也。君子曰。此亦妄人也已矣。如此則與禽獸奚擇哉。於禽獸又何難焉。是故。君子有終身之憂。無一朝之患也。乃若所憂則有之。舜人也。我亦人也。舜爲法於天下。可傳於後世。我由未免爲鄉人也。是則可憂也。憂之如何。如舜而已矣。若夫君子所患則亡矣。非仁無爲也。非禮無行也。如有一朝之患。則君子不患矣。又曰。養心莫善於寡欲。其爲人也寡欲。雖有不存焉者。寡矣。其爲人也多欲。雖有存焉者。寡矣。蓋人之欲求固多。而唯合理之欲求爲貴。故欲求種類不得不減少。但合理之欲求。乃吾人自我成體之中核。不可一日無其活動。此所以不敢言無欲之爲善。與後儒主靜無欲之說。語有分寸焉。若其言養氣之道。能擴充其自我性情。至塞乎天地之間。則孟子獨得之見。亦吾人實地體行之功夫。其說已詳上章。

吾人之道德性。既反求之。存養之。擴充之。以達於天下。此乃所謂仁覆天下者。（離婁篇曰。既竭心思焉。繼之以不忍人之政。而仁覆天下矣。）亦所謂盡性之極。而以世界萬物。一視同仁。爲一體也。然此普遍同仁無差別之道。必待特殊分義差別之道。始能成就之。同仁無差別之道。樂（藝術）之所鼓吹。忠恕之推行者也。分義差別之道。禮（制度典章禮儀）之所範圍。絜矩之實用者也。（參照第三段末禮樂條）此義。荀子說之甚詳審。蓋荀子性惡之論。似與孟子相反。實則其言化言養。言盡以欲完成人類本性。要其所歸。未嘗不與孟子一致也。孟子意謂人自然固有善性。而未完全。故須存養擴充。而完成之。荀子則謂。人自然本性素朴未完全。故須變化養育而完成之。一則欲推內部固有之善性。以發展於外部世界。乃以反求擴充爲主者。一則欲藉外部人爲之力。以化育內部未善之性質。乃以羣化分義爲主者。前者則注重於個人內部德性之力。後者則注重於外部社會教化禮制之力。互相對待。可以盡本末表裏。而資於吾人自我與世界之完成。至其具論外養化性教發育同仁分義之諸種關係者。竊意莫如荀子之詳備也。蓋荀子之說。類近世之經驗派進化說。英國霍布斯氏 Thomas, Hobbes,1588-1679 爲最近之。今撮其說要略。曰兩情者。（承上文吉凶愉憂二者言。）人生固有端焉。類之盡之。盛之美之，使本末終始。莫不順比。足以爲萬世則。是禮也。非順孰脩爲之。君子莫之能知也。故曰性者本始材朴也。僞者文理隆盛也。無性則僞之無所加。無僞則性不能自美。性僞合。然後成聖人之名。一天下之功。於是就也。故曰。天地合而萬物生。陰陽接而變化起。性僞合而天下治。（禮論篇）所謂性者何。僞者何。曰生之所以然者謂性。性之和所生。精合感應。不事而自然謂之性。性之好惡喜怒哀樂。謂之情。情然而心爲之擇。謂之慮。心慮而能爲之動。謂之僞。慮積焉能習焉而後成。謂之僞。（正名篇）性惡篇。又據此積習成僞之意義。而推演詳論之。曰。人之性惡。其善者僞也。

從人之性。順人之情。必出於爭奪。合於犯分亂理。而歸於暴。故必將有師法之化。禮義之道。然後出於辭讓。合於文理。而歸於治。孟子曰。今人之性善。將皆失喪其性故也。故下添惡字看曰。若是則過矣。今人之性。生而離其朴。離其資。必失而喪之。今之人性。飢而欲飽。寒而欲煖。勞而欲休。此人之情性也。今人飢。見長則不敢先食者。將有所讓也。勞而不敢求息者。將有所代也。夫子之讓乎父。弟之讓乎兄。子之代乎父。弟之代乎兄。此二行者。皆反於性。而悖於情也。然而孝子之道。禮義之文理也。故順情性。則不辭讓矣。辭讓。則悖於情性矣。用此觀之。然則人之性惡明矣。其善者僞也。又辨明性僞之別。曰。性者天之就也。不可學。不可事。禮義者。聖人之所生也。人之所學而能。所事而成也。不可學不可事而在人者。謂之性。可學而能可事而成之在人者。謂之僞。是性僞之分也。又曰禮義者。是生於聖人之僞。非故生於人之性也。聖人化性而起僞。僞起而生禮義。禮義生而制法度。然則禮義法度者。是聖人之所生也。又曰。凡人之欲爲善者。爲性惡也。夫薄願厚。惡願美。狹願廣。貧願富。賤願貴。苟無之中者。必求於外。用此觀之。人之欲爲善者。爲性惡也。今人之性。固無禮義。故彊學而求有之也。性不知禮義。故思慮而求知之也。然則生而已。則人無禮義。不知禮義。悖亂在已。桉人性本不完全。故欲爲完全。荀子所言甚當。但既有欲爲完全之性。則此性固不可不謂之善性也。孟子旨意亦實在此。而荀子終不自省。是爲可惜耳。然孟子之極口高唱性善。稱道堯舜。遽聽之。誰能知其意非以本性完全爲言者乎。宜其誤會之者。遠及於宋儒。猶且然也。而宋儒乃據其誤會。孟子之說。以責荀子。荀子亦據其誤會孟子之說。以責孟子。孟子之責。蓋亦其自招之也。雖然。靜心而徐思之。孟子之高唱性善。欲明人類之所以爲人類。而別於禽獸也。其性較善。卽可以言善。何必問其完全與不完全乎。其稱道堯舜。欲示完全理想上人格。使人向上發達也。聖人者。拔萃不世出。何可以一般凡民性格同一視之哉。然則誤會之作。誤會者之罪。非孟子責也。且夫宋儒之責。荀子性惡論也。以其所謂惡。爲絕對之惡。而不知其唯以未完全者爲言耳。此其誤會荀子。而責荀子。猶荀子誤會孟子。而責孟子。蓋亦宋儒之罪。非荀子責也。性惡篇曰。塗之人可以爲禹。何謂也。曰。凡禹之所以爲禹者。以其爲仁義法正也。然則仁義法正。有可知可能之理。然而塗之人也。皆有可以知仁義法正之質。皆有可以能仁義法正之具。然則其可以爲禹明矣。今使塗之人。伏術爲學。專心壹志。思索孰察。加日縣久。積善而不息。則通於神明。參於天明矣。故聖人者人之所積而致也。塗之人可以爲禹。則然。塗之人能爲禹。則未必然也。雖不能爲禹。無害可以爲禹。所謂仁義法正可知可能之質具。與孟子所謂可爲善之情性。全然相符。則荀子所認之性。未可猝然以一惡字說盡也。韙哉董子之善論質。折衷孟荀。而明辨之。足以一掃善惡之誤會矣。其略曰。名生於真。非其真。弗以爲名。今世闇於性。言之者不同。胡不試反性之名。性之名。非生與。如其生之自然之資謂之性。性者質也。詰性之質於善之名。能中之與。性之名。不得離質。離質如毛。則非性已。栣衆惡於內（栣說文作栠·如甚切·弱貌·）弗使得發於外者心也。故心之爲名栣也。人之受氣苟無惡者。心何栣焉。吾以心之名。得人之誠。人之誠有貪有仁。仁貪之氣。兩在於身。身之名。取諸天。天兩有陰陽之施。身亦有貪仁之性。天有陰陽禁。身有情欲栣。與天道一也。故曰。身猶天也。禁天所禁。非禁天也。必知天性不乘於教。終不能栣。察實以爲名。無教之時。性何遽若是。故性比於禾。善比於米。米出禾中。而禾未可全爲米也。善出性中。而性未可全爲善也。善與米。人之繼天而成於外。非在天所爲之內也。天之所爲。有所至而止。止之內。謂之天性止之外。謂之人事。事在性外。而性不得不成德。民之號。取之瞑也。使性而已善。則何故以瞑爲號。以賓者言。弗扶將顚陷猖狂。安得善性。有似目。臥幽而瞑。待覺而後見。當其未覺。可謂有見質。而不可謂見。今萬民之性。有其質。而未能覺。譬如瞑者。待覺教之然後善。當其未覺。可謂有善質。而不可謂善。與目之瞑而覺。一概之比也。靜心徐察之。其言可見矣。性而瞑之未覺。天所爲也。效天所爲。爲之起號。故謂之民。民之爲言。固猶瞑也。隨其名號。以入其理。則得之矣。是正名號者於天地。天地之所生。謂之性情。性情相與爲一瞑。情亦性也。謂性已善。奈其情何。故聖人莫謂性善。累其名也。身之有性情也。若天之有陰陽也。言人之質。而無其情。猶言天之陽，而無其陰也。窮論者。無時受也。名性不以上。不以下。以其中名之。性如繭。如卵。卵待覆而爲雛。繭待繅（抽也）而爲絲。性待教而爲善。此之謂眞天。天生民。性有善質。而未能善。於是爲之立王。以善之。此天意也。民受未能善之性於天。而退受成性之教於王。王承天意。以成民之性爲任者也。今按其眞質。而謂民性已善者。是失天意。而去王任也。萬民之性。苟已善。則王者受命。尙何任矣。其設名不正。故棄重任。而違大命。非法言也。春秋之辭。內事之待外者。從外言之。

今萬民之性待外教然善能善。善當與教。不當與性。與性則多累而不情。自成功而無聖賢。此世長者之所誤出也。非春秋爲辭之術也。不法之言。無驗之說。君子所外。何以爲哉。（春秋繁露深察名號篇） 又曰。米與善。人之繼天而成於外也。非在天所爲之內也。天所爲。有所至而止。止之內謂之天。止之外謂之王教。王教在性外。而性不得不遂。故曰性有善質。而未能爲善也。豈敢美辭。其實然也。天之所爲。止於繭麻與禾。以麻爲布。以繭爲絲。以米爲飯。以性爲善。此皆聖人所繼天而進也。非情性質樸之能至也。聖人之性。不可以名性。斗筲之性。又不可以名性。名性者。中民之性。如繭如卵。卵待覆二十日。而後能爲雛。繭待繅以涫（音官沸也•）。而後能爲絲。性待漸於教訓。而後能爲善。善教訓之所然也。非質樸之所能至也。春秋別物之理。以正其名。名物必各因其真。真其義也。真其情也。乃以爲名。名霣石。則後其五。退飛。則先其六。（僖十六年春王正月戊申朔•隕石于宋五•是月也六鷁退飛過宋都•鷁五歷切一作鶂•說文無鷁字•）此皆其真也。聖人於言。無所苟而已矣。性者天質之樸也。善者王教之化也。無其質則王教不能化。無王教則質不能善。質而不以善性。其名不正。故不受也。（實性篇） 劉向序荀子書云。孟子者亦大儒。以人之性善。孫卿後孟子百餘年。以爲人性惡。故作性惡一篇。以非孟子。至漢與。江都相董仲舒亦大儒。作書美孫卿。梭。董子所謂質樸未善者。實善闡明荀子性惡之義者也。至於孟子性善之名號。則爲恐招人誤會。故極力辨斥之不惜。而其所謂生之資質。資質之善。乃實指孟子所謂四端良知良能。凡可爲善之性而言之。遂使其名義由此而得判然明確。則董子之所美。實不止孫卿一人而已也。其玉杯篇曰。人受命於天。有善善惡惡之性。可養而不可改。可豫而不可去。若形體之可肥臞而不可革也。言良心之爲人。天性所享有可養而長之。此正言孟子所欲言。與上文所引椎心之說參考。而其意可知。

吾人之生活行其權衡之道。於自他內外關係之中。須使反求擴充之道。與羣化分義之道。相依相輔。而得求心遠心二作用之圓滿成功。何謂羣化分義之道。夫和者天下之達道也。和之實在禮義。禮義之要在綱紀統一。卽使人人團結成羣。組織社會。相率相助。易風化俗。以進於文明昌平之域。賁卦彖傳所謂觀乎天文。以察時變。觀乎人文。以化成天下。同人彖傳所謂同人於野。亨。利涉大川。乾行也。文明以健。中正而應。君子正也。唯君子爲能通天下之志者。皆是也。此義孟子雖已指示之。然其急於仁義。

之說。專致力於內部自我主觀上之功夫。未至詳論外部社會客觀上施行之道。荀子出而補之。始見自他內外主客之關係。全在權衡調節之中。無復遺憾。

荀子之學說。大義謂。天下國家。由羣化而成。羣化由分義而成。羣化者人類相羣。結合社會。以成文化之發達也。分義者。個人生活之分限與安定是也。羣化與分義。一貫統整之體形謂之禮義。禮義者。分說之。禮是全體之統理也。義是各體之得宜也。萬物各得其宜。而後有萬物之統理。故先以義爲一切禮義體形之基調。孟子力說集義。而荀子詳論分義者。其所著眼。一則高向天人之統體。一則深注人羣之素地也。荀子曰。道者何也。曰君道也。居者何也。曰能羣也。能羣也者何也。曰善生養者也。善班治人者也。善顯設人者也。（言顯用其人。各得適所也。）善藩飾人者也。善生養人者。人親之。善班治人者。人安之。善顯設人者。人樂之。善藩飾人者。人榮之。四統者具。而天下歸之。夫是之謂能羣。四統者亡。而天下去之。夫是之謂匹夫。故曰。道存則國存。道亡則國亡。省工賈。衆農夫。禁盜賊。除姦邪。是所以生養之也。天下三公。諸侯一相。大夫擅官。士保職。莫不法度而公。是所以班治之也。論德而定次。量能而授官。皆使其人載其事。而各得其所宜。上賢使之爲三公。次賢使之爲諸侯。下賢使之爲士大夫。是所以顯設之也。修冠弁衣裳。黼黻文章。雕琢刻鏤。皆有差焉。是所以藩飾之也。故由天子至於庶人也。莫不騁其能。得其志。安樂其事也。是所同也。衣煖而食充。居安而游樂。事時制明而用足。是又所同也。若夫重色而成文章。重味而成珍備。是所衍也。（衍饒也。）聖王財以明辨異。（財裁也。）上飾賢良。而明貴賤。下以飾長幼。而明親疏。上在王公之朝。下在百姓之家。天下曉然。皆知其所。非以爲異也。將以明分達治而保萬世也。故天下諸侯。無靡費之用。士大夫無流淫之行。百吏官人無怠慢之事。衆庶百姓。無姦邪之俗。無盜賊之罪。其能以稱義徧矣。故曰。治則衍及百姓。亂則不足及公王。此之謂也。（君道篇）此先道破社會統一組織之有機上關係也。又曰。水火有氣而無生。草木有生而無知。禽獸者有知而無義。人有氣有生有知。亦且有義。故最爲天下貴也。力不若牛。走不若馬。而牛馬爲用何也。曰人能羣。彼不能羣也。何以能羣。曰分。分何以能行。曰以義。故義以分則和。和則一。一則多力。多力則彊。彊則勝物。宮室可得而居也。故序四時。裁萬物。兼利天下。無它焉。得之分義也。故人生不能無羣。羣而無分則爭。爭則亂。亂則離。離則弱。弱則不能勝物。宮室不可得而居也。不可少頃舍禮義之謂也。能以事親謂之孝。能以事兄謂之弟。能以事上謂之順。能以使下謂之君。君者善羣也。羣道當則萬物皆得其宜。六畜皆得其長。羣生皆得其命。

桉。羣與義之意義。孔子已略指示之。曰。君子矜而不爭。羣而不黨。又曰。羣居終日。言不及義。好行小慧。難矣哉。又曰。君子義以爲質。禮以行之。孫以出之。信以成之。君子哉。至董子。更演君道之義。說五科。曰君者元也。君者原也。君者權也。君者溫也。君者羣也。君意不比於元。則動而失本。動而失本。則所爲不立。所爲不立。則不效於原。不效於原。則自委舍。自委舍。則化不行。不用權於變。則失中適之宜。失中適之宜。則道不平德不溫。道不平德不溫。則衆不親安。衆不親安。則離散不羣。離散不羣。則不全於君。蓋皆言先安定各人分義。統一其禮文。而後可成鞏固之社會國家。其能行之者。卽爲君道。爲王道。爲統治經綸之道也。故荀子又曰。天地者。生之始也。禮義者。治之始也。爲之貫之。積重之。致好之者。君子之始也。故天地生君子。君子理天地。君子者。天地之參也。萬物之總也。民之父母也。無君子。則天地不理。禮義無統。上無君師。下無父子。夫是之謂至亂。君臣父子兄弟夫婦。始則終。終則始。與天地同理。與萬物同久。夫是之謂大本。故喪祭朝聘師旅一也。與上事同理也貴賤殺生與奪一也。君君臣臣父父子子兄兄弟弟一也。農農士士工工商商一也。以一行萬。以類行雜。始則終。終則始。若環之無端也。舍是而天下衰矣。王制篇又曰。先王之道。仁之隆也。比中而行之。曷謂中。曰。禮義是也。禮記仲尼燕居篇曰·夫禮所以制中也·道者。非天之道。非地之道。人之所以道也。君子之所道也。君子之所謂賢者。非能偏能人之所能之謂也。若夫譎德而定次。王念孫曰·譎當作譎·譎決古字通·量能而授官。萬物得其宜。事變得其應。愼墨不得進其談。惠施鄧析不敢竄其察。言必當理。事必當務。是然後君子之所長也。儒效篇更詳論之曰。人之生不能無羣。羣而無分則爭。爭則亂。亂則窮矣。故無分者。人之大害也。有分者。天下之大利也。而人君者。所以管分之樞要也。故美之者。是美天下之本也。安之者。是安天下之本也。貴之者。是貴天下之本也。古者先王分割而等異之也。故使或美或惡。或厚或薄。或佚或樂。或劬或勞。非特以爲淫泰夸麗之聲。將以明仁之文。通仁之順也。故爲之雕琢刻鏤。黼黻文章。使足以辨貴賤而已。不求其觀。爲之鐘鼓管磬。琴瑟竽笙。使足以辨吉凶合歡定和而已。不求其餘。爲之宮室臺榭。使足以避燥溼養德辨輕重而已。不求其外。詩曰。雕琢其章。金玉其相。質也亹亹我王。

綱紀四方。此之謂也。治萬變。材萬物。（材，裁也。）養萬民。兼制天下者。莫若仁人之善也。故君其知慮足以治之。其仁厚足以安之。其德音足以化之。故曰。君子以德。小人以力。力者德之役也。百姓之力。待之而後功。百姓之羣。待之而後和。百姓之財。待之而後聚。百姓之埶。待之而後安。百姓之壽。待之而後長。父子不得不親。兄弟不得不順。男女不得不歡。少者以長。老者以養。故曰。天地生之。聖人成之。此之謂也。厚刀布之斂。以奪之財。重田野之稅。以奪之食。苛關市之征。以難其事。有（又也）掎挈伺詐。權謀傾覆。以相顛倒。以靡敝之。百姓曉然皆知其汙漫暴亂。而將大危凶也。是以臣或弒其君。下或殺其上。粥其城。倍其節。而不死其事者。無他故焉。人主自取之。詩曰。無言不讎。無德不報。此之謂也。（富國篇）又就習俗。而言禮義之化。曰。性也者。吾所不能爲也。然而可化也。積也者。非吾所有也。然而可爲也。注錯習俗。（注錯，措置也。）所以化性也。并一而不二。所以成積也。習俗移志。安久移質。并一而不二則通於神明。參於天地矣。涂之人百姓。積善而全盡。謂之聖人。彼求之而後得。爲之而後成。積之而後高。參之而後聖。故聖人也者。人之所積也。（儒效篇）又自禮義。論及法制刑罰之意義。曰。古者聖王以人之性惡。以爲偏險而不正。悖亂而不治。是以爲之起禮義。制法度。以矯飾人之情性。而正之。以擾化人之情性。而導之也。擾。馴也。使皆出於治合於道也。性惡篇又曰。聖人化性而起僞起而生禮義。禮義而制法度。然則禮義法度者。是聖人之所生也。又曰。無禮義之化。去法正之治。無刑罰之禁。倚而觀猶傍觀天下民人之相與也若是。則夫彊者害弱而奪之。衆者暴寡而譁之。天下之悖亂而相亡。不待頃矣。同上此等說。殆似豫爲近時俄國虛無黨多衆主義鮑爾雪維克等言之。

荀子所謂分義之論理上基礎。在其制名之樞要。卽用單名單純名辭與兼名複合名辭以明事物概念同異之關係。用共名普通名辭與別名特殊名辭以示類屬概念之區別關係。而考定其名實之正名。曰。王者之制名。名定而實辨。道行而志通。則愼率民而一焉。貴賤不明。同異不別。如是則志必有不喻之患。而事必有困廢之禍。故知者爲之分別制名。以指實上以明貴賤。下以辨同異。然則何緣而以同異。曰。心有徵知。徵知則緣耳而知聲可也。緣目而知形可也。然而徵知必將待天官之當簿其類。然後可也。正名篇此乃求名辭概念成立之根據。於感覺統整之作用者。可謂精矣。

分義之要。孟子亦已言之。但孟子先欲行之於經濟上。而後推及於敎化禮義之問題。卽欲先得個人經濟生活之分限與安定。而鞏固社會組織之基礎。以作教化禮義普及之素地。然而其能行此道者。則亦唯待夫反求擴充推恩成仁之人格活動。而得之。其對齊宣王曰，無恆產而有恆心者。惟士爲能。若民則無恆產。因無恆心。苟無恆心。放辟邪侈。無不爲已。及陷於罪。然後從而刑之。是罔民也。焉有仁人在位。罔民而可爲也。又對滕文公曰。民之爲道也。有恆產者。有恆心。(云云前同)是故賢君必恭儉禮下。取於民有制。所謂有制者何。其說齊宣王曰。明君制民之產。必使仰足以事父母。俯足以畜妻子。樂歲終身飽。凶年免於死亡。然後驅而之善。故民之從之也輕。今也制民之產。仰不足以事父母。俯不足以畜妻子。樂歲終身苦。凶年不免於死亡。此惟救死而恐不贍。奚暇治禮義哉。王欲行之。則盍反其本矣。五畝之宅。樹之以桑。五十者可以衣帛矣。雞豚狗彘之畜。無失其時。七十者可以食肉矣。百畝之田。勿奪其時。八口之家。可以無飢矣。又其爲滕文公。說折衷三代制度。欲分田制祿。以謀士民生計之安固。曰。夫仁政。必自經界始。經界不正。井地不均。穀祿不平。是故暴君汙吏。必慢其經界。經界既正。分田制祿。可坐而定也。雖然。經濟生活之基礎既立。而非有教化禮義之道隨之。則不獨其經濟生活不能完成。且將逸居飽食。近於禽獸。必使經濟生活與道德生活。兩相交錯輔行。而後得之。故其說宣王。直續前言曰。謹庠序之教。申之以孝悌之義。頒白者不負戴於道路矣。老者衣帛食肉。黎民不飢不寒。然而不王者。未之有也。其說滕文公。亦曰。設爲庠序學校以教之。庠者養也。校者教也。序者射也。夏曰校。殷曰序。周曰庠。學則三代共之。皆所以明人倫也。人倫明於上。小民親於下。死徙無出鄉。鄉田同井。出入相友。守望相助。疾病相扶持。則百姓親睦。其誨陳相。亦曰。后稷教民稼穡。樹藝五穀。五穀熟。而民人育。人之有道也。（王引之曰。有爲也一聲之轉。）飽食煖衣。逸居而無教。則近於禽獸。聖人有憂之。使契爲司徒。教以人倫。父子有親。君臣有義。夫婦有別。長幼有序。朋友有信。放勳曰。勞之來之。匡之直之。輔之翼之。使自得之。又從而振德之。桉倫者序也。（孟子趙注）理也。（論語言中倫包注。虞書無相奪倫孔傳。）理者治玉也。（說文）條理也。（荀子儒效楊注）分也。（樂記鄭注）明分以喻義之意也。（管子心術）字从人侖聲。侖者思也。从亼冊。會意。（說文）亼集也。冊猶典也。思索而判斷道理之謂也。蓋人倫者。人羣所以能和羣之條理。而定立人羣中所有主要關係之區分者也。人羣而無此五條關係之分明定立。則不成其人羣。而解體離散。與禽獸無擇。故五有字。示以人羣必不可不實有之之義。非架空設立之謂。程瑤田通藝錄曰。吾學之道在有。釋氏之道在無。有父子。有君臣。有夫婦有長幼有朋友。父子。則有親。君臣則有義。夫婦則有別。長幼則有序。朋友則有信。以有倫故盡倫以有職故盡職。誠者實有焉而已矣。（論學小記）桉。釋氏之道。雖在無。而亦非全不認有者。蓋有無之二觀念。（肯定與否定）互相豫想而對生。是吾人思惟本性之作用使然耳。但其所見各有所主執。主執有者。著於有差別。在所難免。於是有中觀論起。欲斥去有無之偏見。歸於一體。以至絕對實有之究竟地。是亦思惟發展之次第使然耳。然吾人日常生活。實際踐行之道。與思惟上進行法式。不必一樣。其所主依行。有以有差別爲先者。有以無差別爲先者。其以無差別爲先者。欲一離其有而歸於絕對實有之究竟地。故曰無。其以有差別爲先者。欲尙卽其有。而直得絕對實有之究竟地。故曰有。此所以其道終各致見異。前者多見於所謂宗教上哲學之傾向。後者多見於所謂倫理上教學之傾向。卽世間教與世外教。至近時雖甚近接。而其根本傾向之差異。竟不能悉除也。儒道之在此二者間。寧與後者相近。蓋其根據。雖在認識上及理想上實在界。而其本質。專在作爲經綸之道。作爲經綸之道。以現實萬有散殊之世界爲對境。其所以專即於有者。理固宜然也。孟子時。佛教未入中國。然已有墨子兼愛無差別主義。與楊子極端之利己主義盛行。孟子乃力闢之曰。世衰道微。邪說暴行有作。臣弒其君者有之。子弒其父者有之。孔子懼。作春秋。春秋天子之事也。是故孔子曰。知我者其惟春秋乎。罪我者其惟春秋乎。聖王不作。諸侯放恣。處士橫議。楊朱墨翟之言盈天下。天下之言。不歸楊則歸墨。楊氏爲我。是無君也。墨氏兼愛。是無父也。無父無君。是禽獸也。公明儀曰。庖有肥肉。廐有肥馬。民有飢色。野有餓莩。此率獸而食人也。楊墨之道不息。孔子之道不著。是邪說誣民。充塞仁義也。仁義充塞。則率獸食人。人將相食。吾爲此懼。閑先聖之道。距楊墨。放淫辭。邪說者不得作。作於其心。害於其事。作於其事。害於其政。聖人復起。不易吾言矣。昔者禹抑洪水。而天下平。周公兼夷狄。驅猛獸。而百姓寧。孔子成春秋。而亂臣賊子懼。詩云。戎狄是膺。荆舒是懲。則莫我敢承。無父無君。是周公所膺也。我亦欲正人心。息邪說。距詖行。放淫辭。以承三聖者。豈好辯哉。予不得已也。能言距楊墨者。聖人之徒也。按墨子所謂兼愛。與孔孟所謂仁。其俱帶有普遍無差別之意。固無論矣。但孔孟之成仁。必與分義之道。表裏相待。而行之。故必先有親疎差等之明於其中。而墨子則無之。此所以不同其道也。墨者夷之。因徐辟而求見孟子。孟子曰。吾固願見。今吾尚病。病愈我且往見。夷子不來。他日又求見孟子。孟子曰。吾今則可以見矣。不直則道不見。我且直之。吾聞夷子墨者。墨之治喪也。以薄爲其道也。夷子思以易天下。豈以爲非是而不貴也。王引之曰。言其以爲非此則不貴耶。然而夷子葬其親厚。則是以所賤事親也。徐子以告夷子。夷子曰。儒者之道。古之人若保赤子。曲園平議曰。儒者十一字一句。道猶言也。趙注釋儒者之道作儒者曰。此言何謂也。之則以爲愛無差等。施由親始。徐子以告孟子。孟子曰。夫夷子信以爲人人親其兄之子。爲若親其鄰之赤子乎。彼有取爾也。赤子匍匐將入井。非赤子之罪也。且天之生物也。使之一本。而夷子二本故也。蓋上世嘗有不葬其親者。其親死則舉而委之於壑。他日過之。狐狸食之。蠅蚋姑嘬之。其顙有泚。睨而不視。夫泚也。非爲人泚。中心達於面目。蓋歸。蓋既也。見檀弓。反虆梩而掩之。掩之誠是也。則孝子仁人之掩其親。亦有道矣。徐子以告夷子。夷子憮然爲間。曰。命之矣。桉曰。孟子括約人倫之要道。以爲五種。其主旨固在分義。而其所以分義者有三。一則欲使人類據此而區別於禽獸也。二則欲使聖人之道明分於異端也。三則欲使父子君臣夫婦長幼。朋友五種特殊關係。定立於人羣中。而不致紊亂也。洎翁扈言曰・夫婦有別・古來諸說皆大明白・或以爲男治外女治內之謂・或以爲夫唱婦隨之義・或以爲陰陽剛柔之義・予謂・諸說皆非也・呂氏春秋云・昔太古嘗無君矣・其民聚生羣處・知母不知父・無親戚兄弟夫妻男女之別・無上下長幼之道・云云・今曰夫婦有別・蓋言夫婦一定・男女不混淆也・司馬談六家要恉云・敘君臣父子之禮・列夫妻長幼之別・即亦此意・但五種關係之括約者。雖始見於孟子所言。然其中要素。各已見於論語及諸書。中庸五達德。其目與此無異。但以君臣關係置首位。不同耳。西河曰。契所教人倫在尚書堯典・舜愼徽五典・五典克從・命契曰・百姓不親・五品不遜・汝作司徒・敬敷五教・五教在寬・舊傳極是明白。總見春秋文十八年傳。季文子引臧文仲之言使史克曰。高辛氏擧八元。使布五教于四方。父義母慈兄友弟恭子孝。謂之五教。而杜預注云。契作司徒。五教在寬。是當時五倫。只父母兄弟子五者。而其爲教。則又與春秋義方。大學慈孝。康誥友恭相左證。五帝紀述五教。亦無異辭。因之虞書愼徽五典傳云。五典者。五常之教。父義母慈兄友弟恭子孝五者是也。至五品不遜。正義謂。五品卽父母兄弟子五者。敬敷五教。正義謂。五教卽教之義慈友恭孝五者。漢唐儒者。不以五達道爲五倫。不使孟子人倫闌入一字。孟子所言。必戰國相傳。別有如此。章大來補注於西河之說。曰。孟子所言人倫。在春秋時已有之。子路曰。長幼之節不可廢也。君臣之義。如之何其廢之。欲潔其身。而亂大倫。則亦以君臣長幼。爲人倫之二矣。西河又曰。古經極重名實。猶是君臣父子諸倫。而名實不苟。偶有稱舉必各爲區目。如管子稱六親。是父母妻子兄弟。衛石碏稱六順。是君義臣行父慈子孝兄友弟恭。王制稱七教。是父子兄弟夫婦君臣長幼朋友賓客。禮運稱十義。是父慈子孝兄良弟弟夫義婦聽長惠幼順君仁臣忠。齊晏嬰稱十禮。是君令臣恭父慈子孝兄愛弟敬夫和妻柔姑義婦聽。祭統稱十倫。是事鬼神君臣父子貴賤親疏爵賞夫婦政事長幼上下。白虎通稱三綱五紀。（案五紀當作六紀）是君臣父子夫婦兄弟諸父族人諸舅師長朋友。雖朝三暮四。總此物數。而十倫非十義。五道非五常。中庸三德。斷非洪範之三德。則五達道。必非五倫也。（四書賸言補）

桉。人倫名目之稱舉。因時不同。實與西河所言。樂記曰。道五常之行。論衡問孔篇曰。五常之道。仁義禮智信也。是其所本在董子繁露五行相生篇。王肅僞尚書僞傳。乃以五常之名。用當五典五品與鄭氏之直據文十八年左傳五教。（史記集解・引爲鄭氏堯典注・）不同。而實則猶從左傳。列舉其目。以致名實不符。焦里堂乃斷謂。司徒五教宜以孟子爲定論。不可據左傳以疑孟子也。（孟子正義・）桉。據左傳以疑孟子。固不可。而據孟子以定司徒五教。亦復不可。今稽諸種稱舉。其體制之該通整備。莫若中庸與孟子。乃若左傳。則止於家庭內事。適足以見其近於古也。若夫中庸以君臣關係爲首。孟子則以父子關係爲首者。其所著想。一在國家。一在社會之不同耳。

當時又有極端社會主義一派。宣傳共產勞農平均之說。孟子乃據其制產分業等差之道。論難之。今撮其要略如下。有爲神農之言者許行。自楚之滕。踵門而告文公曰。遠方之人。聞君行仁政。願受一廛而爲氓。文公與之處。其徒數十人。皆衣褐捆屨織席以爲食。陳良之徒陳相。與其弟辛。負耒耜而自宋之滕。曰。聞君行聖人之政。是亦聖人也。願爲聖人之氓。陳相見許行。而大悅。盡棄其學而學焉。陳相見孟子。道許行之言。曰。滕君則誠賢君也。雖然。未聞道也。賢君與民並耕而食。饔飧而治。今已。滕有倉廩府庫。則是厲民以自養也。惡得賢。孟子曰。許子必種粟而後食乎。曰然。許子冠乎。曰冠。曰奚冠。曰冠素。曰自織之與。曰否。以粟易之。曰許子奚爲不自織。曰害於耕。曰許子以釜甑爨。以鐵耕乎。曰然。自爲之與。曰否。以粟易之。以粟易械器者。不爲厲陶冶。陶冶亦以其械器易粟者。豈爲厲農夫哉。且許子何不爲陶冶。舍皆取諸其宮中而用之。（舍止也。惟也。）

何爲紛紛然與百工交易。何許子之不憚煩。曰。百工之事。固不可耕且爲也。然則治天下。獨可耕且爲與。有大人之事。有小人之事。且一人之身。而百工之所爲備。如必自爲而後用之。是率天下而路也。故曰。或勞心。或勞力。勞心者治人。勞力者治於人。治於人者食人。治人者食於人。天下之通義也。當堯之時。天下猶未平。洪水橫流。氾濫於天下。堯獨憂之。舉舜而敷焉。通行本。敷下有治字。馮登府十三經詁答問曰。趙注。敷治也。葢本文無治字。以注添入經也。然後中國可得而食也。禹八年於外。三過其門而不入。雖欲耕。得乎。后稷教民稼穡。使契作司徒。教人以人倫。聖人之憂民如此。而暇耕乎。堯以不得舜爲己憂。舜以不得禹皋陶爲己憂。夫以百畝之不易爲己憂者。農夫也。堯舜之治天下。豈無所用其心哉。亦不用於耕耳。吾聞用夏變夷者。未聞變於夷者也。陳良楚產也。悅周公仲尼之道。北學於中國。北方之學者。未能或之先也。彼所謂豪傑之士也。子之兄弟事之數十事。師死而遂倍之。昔者。孔子沒。子夏子張子游。以有若似聖人。欲以所事孔子事之。彊曾子。曾子曰。不可。今也。南蠻鴂舌之人。非先王之道。子倍子之師而學之。亦異於曾子矣。魯頌曰。戎狄是膺。荆舒是懲。周公方且膺之。子是之學。亦爲不善變矣。從許子之道。則市價不貳。國中無僞。

雖使五尺之童適市。莫之或欺。布帛長短同。則賈相若。屨大小同。則賈相若。曰。物之不齊。物之情也。或相倍蓰。或相什伯。或相千萬。子比而同之。是亂天下也。巨屨小屨巨粗小細也。同賈。人豈爲之哉。從許子之道。相率而爲僞者也。惡能治國家。

總之。擴充之道。與分義之道。爲儒道一切諸法之實際基調。夫忠恕與絜矩。親民與明明德。皆由是實其法式。以完成仁智（義）之德。則誠道內正外政之法式。亦皆得其實。而所謂執善率性。格致止至善。中庸權衡之道。皆一貫行於其中。而後王道可以達之。人道可以全之。果能行此道。則亦能成己成物。使自我與自我所住世界。得其理想上完成。而無遺憾矣。然則擴充分義之二道。關係於吾人日常生活之實際。不亦重乎。其所關係。雖在儒道一切諸法開合發展之中。而其直接之要務。則在其爲仁義（智）二德完成之實際基調也。顧夫說卦傳定立人道。曰仁與義。而後儒者所講求。無不在成己成物之功夫。自經曾子孟子二人。連唱仁義二字一語。遂成儒道之標幟。仁字內容之分析。由孟子明之。義字內容之分析。由荀子明之。各審其所以發生之根據。而詳其所以完成之道塗。是學者之所宜顧望尋思。不可輕輕看過者也。孟子之明仁義性質。相分相關之意。曰人皆有所不忍。達之於其所忍。仁也。人皆有所不爲。達之於其所爲。義也。曰仁人心也。義人路也。曰仁人之安宅也。義人之正路也。曰居仁由義。大人之事備矣。是皆特分說仁義。而其所謂不忍者。不爲者。心者。路者。安宅者正路者。居者。由者。無不指示二者之各可取特殊方途。而成之也。仁齋曰。惻隱之心。人皆有之。故曰人心也。義者萬事之裁制。人之不可不由者。故曰人路也。仁曰人心。而義曰人路者。以仁人之本心。而義著於行事也。（孟子古義）桉。此皆由內外心行。兩面分之也。雖然。是唯分說。以明其特質而已。若合而言之。則內外交通。心行不離。故曰。告子未嘗知義。以其外之也。（公孫丑篇）又曰。人之所異於禽獸者幾希。庶民去之。君子存之。舜明於庶物。察於人倫。由仁義行。非行仁義也。（離婁篇）又曰。君子所性。仁義禮智根於心。（盡心篇）言仁義之道德。俱本乎人類自我內部。非從外部取來者。而其俱可以行於世也。勿論矣。蓋仁義之道德。出於惻隱不忍之心。與羞惡不爲之心。俱本乎人心因有自然不容己之本性。而成於擴充分義當然不可易之規範。規範者。所謂義務範圍之指定。康德氏所謂無上命法之類。而是亦本出於人類內部自我性情之作用。非從外部强制者。康德氏謂之白律。中庸謂之自道。太甲曰。天作孽猶可違。自作孽不可活。（孟子引）孟子曰。禍福無不自己求之者。（公孫丑篇）所謂自律自道。當然不可易之規範。是乃人之自求而自作者。故其服從奉行之義務責任。皆在人自我一身之分內。不在外部天作之自然。則所謂自律當然之規範。惟賴人自我。以存立而維持之不可疑也。孟子曰。夭壽不貳。脩身以俟之。所以立命也。莫非命也。順受其正。（盡心篇）蓋言所謂正命之建立不動。亦必待於自我人格不斷之努力活動也。雖然。人自我之所以自求而自作此規範者。亦實人類本性自然天作之用。出於此。不容己而使其然者。詩所謂維天之命。於穆不已。（周頌）是也。中庸更說天命之性。率性之道。以及誠者性之德。合外內之道。人作與天作。同原並行歸一之義。乃知當然之規範。唯由自然之天性而立之。天作之不息。唯由人作之推行而見之。書曰。天降下民。作之君。作之師。惟曰其助上帝。寵之四方。有罪無罪。惟我在。天下曷敢有越厥志。（孟子引）孟子曰。存其心。養其性。所以事天也。故所謂人作當然之規範。亦必由天作自然之道。以成其始終。乃見天作與人作。俱在吾人自我之中。交錯活動。一體而行。詩云。永言配命。自求多福。（大雅文王）其自所配之命。是乃天之命於穆不已者。則夫自我內部當然義務之指定。與天作自然不已之命。合一而不貳也。子曰。不知命。無以爲君子也。夫知人而不知己。非知道者也。知己而不知天。非知命者也。故孟子曰。盡其心者。知其性也。知其性。則知天矣。孔子曰五十而知天命。又曰。不怨天。不尤人。下學而上達。知我者其天乎。曰。天之未喪斯文也。匡人其如予何。曰。天生德於予。桓魋其如予何。曰。予所否者。天厭之。天厭之。其若是夫。性命源頭之幽遠高深也。今乃去此天。而專言性命者。豈真性命也哉。去此天命。而專言規範者。豈真規範也哉。惟規範之當然道德之所在。學者皆能審之。至不容己之自然。性情作用之所貫法。天人交通同行之際。學者或不自省。豈謂真體得聖人教學發動之深意哉。卽如康德菲希特諸氏所說。亦止限於自我內部實踐理性。或良心之範圍。則其所謂命法者。恐未足以言無上矣。夫怵惕惻隱不忍之心。最是天地生物之心。其用自動於內。不得已而發作。人類道德性之最根本。而最普遍者。陽明所謂天翻地覆。皆賴有聖賢一點不得已之心。（一齋孟子欄外書。引四書述中語。）豈非此之謂歟。凡吾人作爲經綸之道德。亦皆由此而生起之。又由此而成就之。同體萬物。合一天人。唯在斯心之擴充。仁德之完成。（參照第三章第二節）故聖學之要。惟仁爲至重。與世上諸學。專重理智者。所以不同其歸趣。繫辭傳所謂仁者見之謂之仁。知者見之謂之智。顯諸仁。藏諸用。顯道神德行者。此之謂也。桉。顯諸仁者。言道之認定。唯可於道德上得之也。乃以道之本質表顯之於仁德遍布之形相。（即亦道德上實行之法式）不表顯之於知識上（即認識上論理）種種形式也。用者。作用活動。與形體相反對也。故子曰。知及之。仁不能守之。雖得之。必失之。知及之。仁能守之。不莊以涖之。則民不敬。知及之。仁能守之。莊以涖之。動之不以禮。未善也。子曰。仁者其言訒。子曰。吾欲無言。天何言哉。四時行焉。萬物生焉。孟子曰。天不言。以行與事示之而已矣。繫辭傳曰。書不盡言。言不盡意。默而成之。不言而信。存乎德行。中庸曰。君子不動而敬。不言而信。詩曰。奏假無言。時靡有爭。又曰。不顯惟德。百辟其則之。君子篤恭而天下平。子曰。聲色之於以化民。末也。上天之載。無聲無臭至矣。孟子所並舉仁義禮智四德。約而言之。亦惟一仁。有惻隱之心。貫通以成之而已。伊川傳周易乾卦彖辭元亨利貞曰。四德之元。猶五常之仁。偏言則一事。專言則包四者。是也。晦庵說其偏專分合之義甚詳。曰。以天道言之。爲元亨利貞。以四時言之。爲春夏秋冬。以人道言之。爲仁義禮智。以氣候言之。爲溫涼燥濕。以四方言之。爲東西南北。

元者天地生物之端倪也。元者生意。在亨則生意之長。在利則生意之遂。在貞則生意之成。若言仁。便是這意思。仁本生意。乃惻隱之心也。苟傷着這生意。則惻隱之心便發。若羞惡。也是仁去那義上發。按。晦庵於四端與四德。持本末顚倒之見。如上所說。此條所謂羞惡辭遜是非字。與義禮智字。亦宜互相換看。乃得安當。若辭遜。也是仁去那禮上發。若是非。也是仁去那智上發。若不仁之人。安得更有義禮智。語類卷六十八 又曰。大抵人之德性上。自有此四者意思。仁便是箇溫和底意思。義便是慘烈剛斷底意思。禮便是宣著發揮底意思。智便是箇收斂無痕迹底意思。性中有此四者。聖門卻只以求仁爲急者。緣仁卻是四者之先若常存得溫厚底意思在這裏。到宣著發揮時。便是自然會宣著發揮。到剛斷時便自然會剛斷。到收斂時。便自然會收斂。若將別箇做主。便都對副不着了。此仁之所以包四者也。語類卷六 今更分而言之義與智。差別也。分析也。區分也。禮由區分而成統理者也。禮字。有統分二義者。廣雅釋言。法言問道。禮體也。釋名釋言語。禮體也。得事體也。詩行葦鄭箋。體成形也。周禮天官釋文。體形體也。詩相鼠毛傳。體四支也。孟子趙注。體四支股肱也。家語論禮。禮者理也。禮仲尼燕居。禮也者理也。荀子正名楊注。理有條貫也。文理謂節文條理也。禮樂記倫理注。理分也。白虎通情性。禮義者有分理。詳見東原孟子字義疏證。仁亦分析而言之爲三。親也。仁也。愛也。所以分析之者以義。故仁中含有義也。孟子曰。君子之於物也。愛之而弗仁。

於民也。仁之而弗親。親親而仁民。仁民。而愛物。若通言之。三者皆仁也。故又曰。智者無不知也。當務之爲急。仁者無不愛也。急親賢之爲務。堯舜之知而不偏物。急先務也。堯舜之仁。不偏愛人。急親賢也。盡心篇 又仁智二者分說之。則智能分析差別。故能成事物之始。仁能統合共貫。故能成事物之終。故曰。孔子之謂集大成。集大成也者。金聲而玉振之也。金聲也者。始條理也。玉振之也者。終條理也。始條理者。智之事也。終條理者。聖之事也。智譬則巧也。聖譬則力也。由射於百步之外也。其至爾力也。其中非爾力也。萬章篇

蓋聖者。時中成仁之謂也。仁之成。必待於智。智能分析事理。事理分析。而得統合也。故智之成也。能統合事理。使仁普遍於事物中。無礙矣。故仁且智。而能同異事物。有始有終者。聖之實也。公孫丑篇。仁且智。夫子既聖矣。王自以爲與周公孰仁且智。說文。聖通也。从耳呈聲。大戴禮語志。仁者爲聖。荀子儒效。明之爲聖人。注。通明於事。則爲聖人。詩凱風傳。聖者通智名。書洪範。睿爲聖。傳。於事無不通。謂之聖。董子繁露。五行五事。引作容作聖。曰聖者設也。王者心寬大。無不容。則聖能設施事。各得其宜也。禮樂記。作者之謂聖。孟子盡心。大而化之之謂聖。禮鄉飲酒義。產萬物者聖也。注。聖之言生也。荀子禮論。聖人者道之極也。要而言之。仁智相依。形成一體。始能同異事物。而作爲經綸盡性。遂生固不可偏廢也。然則仁智二者。統一與分析之關係。猶仁義二者之關係。然而智與義之於仁。其關係又互有所一致也。今

更以仁智義三者。分立而觀之。亦非無差異焉。董子曰。莫近於仁。莫急於智。不仁而有勇力材能。則狂而操利兵也。不智而辨慧環給。則迷而乘良馬也。此非無材能也。其施之不當。而處之不義也。仁而不知。則愛而不別也。智而不仁。則知而不爲也。故仁者所以愛人而已。智者所以除其害也。春秋繁露仁且知篇 蓋仁而有智。則有利無害。有利無害。卽由其得義也。義我也。宜也。萬物各自得其宜。而成立其自體也。詳見第三章第二節 乾卦辭。元亨利貞。從來學者。多以四德充之。元仁。亨禮。利義。貞智是也。文言傳乃曰。元者善之長也。利者義之和也。桉元之爲善善長。猶仁之爲四德之首。足以一貫他三者。而統合之也。何謂利爲義之和。說文曰。利銛銳利也。从刀从和省。和然後利。又曰。和相應也。从口禾聲。又曰。禾嘉穀也。二月始生。八月而熟。得時之中。故謂之禾。朱允倩曰。得時之中。猶曰得時之和。古中和通訓。齊民要術及思元賦。皆引說文得時之中和。後人以意沾和也。易蒙釋文。中和也。書歸禾序疏。禾者和也。管子小問。故命之曰禾。注。禾以調和人之性命。桉。利自有中和之義。可合上所見之說而知也。但文言傳既云。利者義之和也。則非利。卽與和同。和必有義而後可謂利也。荀子王制篇。分義之說。於是益見其緊要不可缺也。

曰。義以分則和。和則一。蓋義以分者。使特殊事物。各隨其時處位而自得其宜也。特殊事物。各自得其宜。則致全體之和也。故文言傳曰。義之和。義之和。卽爲利也。利者人我全體之利也。一切萬物之遂生也。人我全體之利。一切萬物之遂生。必待於各人先得其分義成己之道。董子曰。正其誼不謀其利。明其道不計其功。（此據漢書本傳所見。繁露膠西王篇作正其道不謀其利。修其理不急其功。）蓋先行盡性之義。而遂生之功自然從之。呂東萊曰。王道之外無坦途。舉皆荆棘。仁義之外。無功利。舉皆禍殃。（傳議論管仲）此之謂也。或謂。周易言利。是執功利主義也。（如木村氏東洋倫理學史）或謂。儒道不可關與功利之事。（如宋元以後性理學家）皆謬矣。大學曰。國不以利爲利。以義爲利。左傳僖二十七年。趙衰曰。德義利之本也。此可謂得其要者也。所謂德義者。道義者。或仁義者。其實際無他。唯在廣充與分義之權衡適施而已。

第五段　正直之道——剛克(用九)與柔克(用六)

儒道者。自然而當然。先天而後天。法效化裁。作爲經綸。活動進行不容已者也。故其道必常以其本末終始。互相預想前定。藏之於用。而成其能。又必徹上徹下。合現實於理想而不悖。大中至正。該萬物於法式而不謬。自他表裏。以是理之。內外古今。以是通之。推而行之。一身動靜。繫於萬衆之生成。括而約之。萬法之開合。歸於一己之云爲。誠也。勇也。率性也。格致也。止至善也。中庸也。權衡也。名目雖異。尋其所系。不過惟一儒道中樞作用之發展而已。（即亦唯藏之於用。以神德行而已。）其曰成己成物。曰性教中和。反求羣化。法式雖多。要其所歸。終不出於仁與義二道之外。（仁可以包義。則亦唯顯之於仁而已。）乃知說卦傳所立人道之萬古不可移易也。雖然。人道仁與義之所原本。固在天道一陰一陽之高明。求其法象。發生其知識理想。而其實際所作爲推行。則又不可不在地道一剛一柔之博原。取其着實踐履之功夫。以成其悠久無疆之人道。繫辭傳曰。乾知大始。坤作成物。乾以易知。（易謂一也。實也。健也。專也。直也。遂也。）坤以簡從。（簡謂二也。虛也。順也。翕也。闢也。數也。）易則易知。簡則易從。易知則有親。易從則有功。有親則可久。有功則可大。可久則賢人之德。可大則賢人之業。易簡而天下之理得矣。天下之理得。而成位乎其中矣。蓋天地設位。而易已行乎其中。成性存存。道義之門。乾坤既定。是易之緼。上下成列。而易又立乎其中。天地之大德曰生。生生之謂易。乾健直之易。以大生不已。坤順闢之簡。以廣生無疆。故成象之謂乾。效法之謂坤。成象者。無象之中。忽然見象。有主乎一切事物之大始也。故曰大哉乾元。萬物資始。乃統天。雲行雨施。品物流形。大明終始。六位時成。乾彖傳 乾元用九。乃見天則。文言傳 象之始見。坤卽順承。而法效之。有作成乎其事物也。故曰。至哉坤元。萬物資生。乃順承天。坤厚載。德合無疆。含弘光大。品物咸亨。坤彖傳 坤道其順乎。承天而時行。文言傳 是故吾人認識夫太極實體顯現之形相理致先求端於乾象確然專直之易。則乾象者。吾人精明知識之大源泉也。而吾人高遠之理想。亦於是起焉。作爲夫生成萬物之事業近取型於坤道隤然翕闢之簡。則坤道者。吾人完行經綸之真軌轍也。而吾人現實之世界。亦於是成焉。是故吾人生活。必於此上乾健易知之理趣。與下坤順易從之規矩之中。仰視俯行。以窮盡其實地存立踐履之道術。始可以成其位育贊參之大業。繫辭傳所謂天地設位。聖人成能。易簡之善。配至德者。此之謂也。故又曰。夫易聖人所以崇德而廣業也。知崇禮畀。崇效天。畀法地。蓋言知識以進德。踐履以成業。知識要高明至誠如天。踐履要畀順極功如地也。又曰。剛柔相推而生變化。變化者進退之象也。爻也者效天下之動者也。是故吉凶生而悔吝著也。蓋言吾人一切作爲活動。經綸生活。其身體力行。當近倣地道之簡約。唯於剛柔相摩蘯化進退之中驗之也。是故。儒道體驗施行之最切於吾人日常生活者。終以剛克柔克之法式示之。而其所以能推行此法式者總歸於中樞正直之道。（參照第二章第二節洪範條）此亦儒道實地施行之一貫萬古不容荒廢者也。

顧此三德之於洪範。（三德卽正直剛克柔克是）乃所以實現皇極之要道。而推行九疇之樞機也。亦王道之所以施行成立根本至德也。洪範曰。無偏無黨。王道蕩蕩。無黨無偏。王道平平。無反無側。王道正直。會其有極。歸其有極。所謂剛克與柔克。乃所以能無偏無黨。無反無側。以推行大中至正之王道。而成就之者也。故彼誠道之實際。中庸權衡之實地。凡吾人日常平生。接物應事。作爲經綸。當務之急。無切於此三德之體驗。蓋此三德。以正直爲體。以剛克柔克爲用。用兩相待交進。而體一絕對。立於其中。是故正直者。權衡之所以能成其實質者也。剛克與柔克者。擴充（成仁者）與分義（成義者）之所以能得其實行者也。吾人欲完成人生與世界者。其日常平生。一擧一動。一進一退。造次顚沛。不可須臾離之要道。必於是求之。吾人一切規範生活之最界最近最微最細者。亦必於是得之。繫辭傳所謂易簡而天下之理得。以言天地之間則備者是也。理得者。謂一一事物義理之當然。無不得其所也。（剛柔。地道之簡也。正直。天道之易也。分說詳於下文。）然而至其所該之廣。所關之大。則直與天地萬有之生成。變化。同其流行節度。而又由是能創造人類所求理想上完善至美之世界。而成就之。卽彼周易六十四卦三百八十四爻中所表象。用九用九。（參照第一章三才條）正位時中之道。能使吾人日常動靜。一切情事。與天地萬象之變化。直接交涉表裏相成。一切人類日常生活之規範與宇宙物象生成之理法。經緯錯綜。而指示吾人法傚化裁實現理想之道法。故所謂用九用六。剛中柔中之道者。卽是易道之藏於用。而能推行吾人一切道術之支脈。無不周徧者也。今以一表。示其要義。如左。

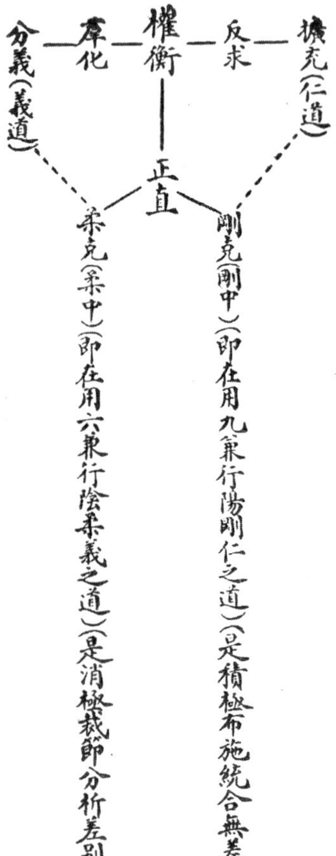

擴充（仁道）— 反求 — 權衡 — 摩化 — 分義（義道）

權衡 — 正直

剛克（剛中）（卽在用九兼行陽剛仁之道）（是積極布施統合無差別之道）

柔克（柔中）（卽在用六兼行陰柔義之道）（是消極裁節分析差別之道）

正直者。無邪無曲。所謂大公至正之一貫不枉者也。周易四大德。元亨利貞。貞者。卽正固不變以成就一切盡性遂生之道者也。繫辭傳。天地之道。貞觀者也。天下之動。貞夫一者也。乾。其靜也專。其動也直。乾卦九二文言傳。龍德而正中者也。閑邪而存其誠。君子學以聚之。問以辨之。寬以居之。仁以行之。坤卦六二爻辭。直方大。不習。无不利。文言傳。敬其正也。方其義也。君子敬以直內。義以方外。敬義立而德不孤。直方大。不習。无不利。不疑其所行也。蓋正直者。亦不外於誠道之實地實行。無矯枉邪曲詐僞者。乃夫乾知大始之易。去繫 晦庵所謂要生便生。要做便做者。語類卷七十四 是已。唯體此乾健易知大始之正直。而行夫坤順簡從作成之剛柔。則可以得義理。而顯諸仁。無餘也。但正直者。其正與直。分說之。不無小異。詩小明篇。嗟爾君子。無恆安處。靖共爾位。正直是與。神之聽之。式穀以女。毛傳。正直爲正。能正人之曲曰直。左傳襄七年。正直爲正。正曲爲直。杜注。正直爲正。正已之心。正曲爲直。正人之曲。說文。直。正見也。从乙从十从目。會意。古文作稟。允倩曰。十目視乙。無可匿也。古文十目視木。審曲面執。與相同意。桉。洪範。木曰曲直。荀子脩身篇。是謂是。非謂非。曰直。墨子經上篇。直參也。韓詩柏舟篇。實維我直。傳。

相當値也。禮投壺篇。馬各直其算。疏。當也。魏都賦。直事所繇。注。若今之當事也。詩大東篇。其直如矢。由是觀之。直者。一直前進。參於事物。擔當其事。不屈不枉。不匿不逃之謂也。子曰。吾之於人也。誰毀誰譽。如有譽者。其有所試矣。斯民也。三代之所以直道而行也。又曰。人之生也直。罔之生也幸而免。馬氏注曰。言人所以生於世而自終者。以其正直也。仁齋古義曰。生者。謂人生在世。罔謂誣罔直道。人而邪枉。不可一日生於天地間也。西河稽求編履軒逢原息軒集說諸解皆略同。惟晦庵集注取明道說曰。生理本直。罔不直也。而亦生者。幸而免爾。其或問曰。上生字爲始生之生。下生字爲生存之生。按程朱輩切欲認吾人道德性之固有。其意何嘗不可。唯其過也。必欲更定道德自體之固有。而鑿空駁駁不止。遂致其平日解經牽強。運思支離類是也。 桉德義之德。本子作悳。从直心。蓋直之道德性。亦人類本性。自然所具。與天無異。而最屬原始根本者。其能爲人格活動之中樞。猶勇之德也。然直之所以能全其道德性者。以其中具有規範性也。故直之實爲道德上完全之直。必須正中而後得之。猶勇之待於誠正。而後實爲人格活動之中樞也。是故。直固可尙。而必連言正直。始可以完行直道。又可以使正中之道。充實推行。大有力焉。果能如此。則正直與剛中柔中之三道德。亦不外於智（義）仁勇三道德之實地實行者也。參照上表及下文 子曰。孰謂微生高直。或乞醯焉。乞諸其鄰而與之。子曰直哉史魚。邦有道如矢。邦無道如矢。君子哉蘧伯玉。邦有道則仕。邦無道則可卷而懷之。可見君子之道。必待正中貞固。而後成之。文言傳曰。貞固足以幹事。此之謂也。葉公語孔子曰。吾黨有直躬者。其父攘羊。而子證之。孔子曰。吾黨之直者。異於是。父爲子隱。子爲父隱。直在其中矣。直而失正中。其不足貴。可以知也。哀公問曰。何爲則民服。孔子對曰。舉直錯諸枉。則民服。舉枉錯諸直。則民不服。孟子曰。不直則道不見。又引曾子曰。自反而縮。雖千萬人吾往矣。釋文。縮直也。又曰其爲氣也。至大至剛。以直養而無害。則塞乎天地之間。其爲氣也。配義與道。無是餒也。是集義所生者。行有不慊於心。則餒矣。此以道義二字。補足直字之義。卽亦言其當以正中之直道。養成其氣。而得大勇之發動也。或曰。以德報怨。何如。子曰。何以報德。以直報怨。以德報德。可以見直道亦竟不可缺也。故凡吾人之作爲經綸。不直則不能一往邁進。通達其乾健一實專直之易道。易繫 去 又不正直。則不能通達其權衡中庸率性執善之誠道。欲實行此正直之道。非由坤順二虛翕闢之簡道。以順應於時地之所宜。則不可。故誠道之實地。正直之體行。其實必在剛克柔克。用九用六之際見之。去九六剛柔之實際。別求道德於高尚假空之境域。理似得之。實則失之矣。

總之。用九用六之道。亦一歸於用中之道。用中之道。必待正直之道而成之。陰陽之於氣。剛柔之於質。仁義之於德。共歸於一人格。完全人格之道。亦必待正直之道而成之。苟不正直。則人道失其一貫之體系。苟不剛克柔克。則人道失其運行之作用。有其作用。則其體系以立。離其作用。而別求體系。則人道或幾乎息矣。是故用九用六。剛克柔克之道。實於人生活。不可一日忽略者也。凡事豫則立。不豫則廢。若專執用九。而偏於剛克。或專執用六。而偏於柔克。斯反側傾危不能自全者矣。豈正直一貫之道也哉。申時行曰。人之習俗氣稟。每有不齊。而我之政教寬嚴。亦異其用。於是。有正治者焉。有反治者焉。若遇着强梗不順的。則利用剛以治之。振之以威。加之以法。使之有所畏。而不爲惡。若是和柔委順的人。則可用柔治之。錫之以福。施之以恩。使之有所勸而爲善。斯二者。以剛克剛。以柔克柔。因俗而異施。所謂正治者也。又有資稟沈深潛退。過於柔者。則激勵而進之。柔而濟之以剛。使之有所企而不思。及有高亢明爽過於剛者。則異施。所謂反治者也。然其爲用。雖有剛柔之異。治法。雖有正反之殊。要不過矯其偏。去其蔽。以同歸於平康正直而已。譬之天道。秋冬春夏。舒慘異宜。而皆一元之運。雨露雪霜。生殺異用。而皆化育之行。帝王所以代天理物。其道莫要於此。（書經講義會編）中氏專舉帝王政教之大者。爲之解說。然九六剛柔之用。豈止於此哉。凡吾人日常生活。作爲經綸。完我自我家國。天下世界。其接物應事。一切當行之道術。皆於此決之。故九六剛柔之用。與自我及自我所住世界之完成。直接相關而行焉。繫辭傳曰。易之爲書也。不可遠。爲道也屢遷。變動不居。周流六虛。上下无常。剛柔相易。不可爲典要。唯變所適。其出入以度。外內使知懼。又明於憂患與故。无有師保。如臨父母。危者使平。易者使傾。其道甚大。百物不廢。初率其辭。而揆其方。既有典常。苟非其人。道不虛行。蓋此之謂也。